케데헌에서 발견하는
한국의 사유들

K-문화에 담긴
섬세함의 철학

김범진 지음

목차

추천사
머리말

제 1 부
케데헌에서 시작하는 발견   9
1장. 7년의 정성이 빚어낸 기적   11
2장. 작은 것이 만든 큰 파도   23
3장. 경계를 넘어 스미는 힘   31
4장. 차이들이 빚어내는 아름다움   37

제 2 부
작아지며 동시에 연결되는 세상, 그 결을 탄 K-문화   47
5장. 작음의 정교함   49
6장. 연결의 직물   54
7장. 부드러움의 힘   64
8장. 결의 조화   72

❈•••• 제 3 부 ••••❈
K-문화에 흐르는 한국의 사상　　　　　85

　9장. 옷감의 사유　　　　　　　　　　　86
　10장. 풍류도의 멋: 한국적 조화와 유희　　89
　11장. 화엄과 화쟁: 차이를 꿰는 지혜　　　93
　12장. 리와 기: 무늬와 흐름의 철학　　　　98
　13장. 현대 과학기술과의 공명　　　　　　100
　14장. 섬세-결의 사유와 미래 문명　　　　113

맺음말: 함께 입는 우주의 옷　　　　　129

　• 더하는 말 1 _ 율곡이이의 격몽요결에서 배우는 삶의 지혜　133
　• 더하는 말 2 _ 일상에서 섬세함을 실천하는 법　　　143

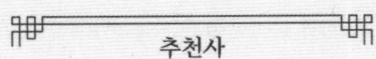

추천사

 한 편의 애니메이션이 던진 화두가 이토록 깊은 사유로 이어질 줄은 몰랐습니다. 김범진 작가의 『케데헌에서 발견한 한국의 사유들』은 넷플릭스 '케이팝 데몬 헌터스'라는 대중문화 텍스트를 통해 한국 사상의 깊은 뿌리를 탐구하는 독특한 시도입니다.

 저자는 K-팝 걸그룹이 악령과 싸우는 판타지 애니메이션에서 '섬세纖細'라는 개념을 발견합니다. 작음, 연결, 부드러움, 결의 아름다움이라는 네 가지 차원으로 분석되는 이 섬세함은 단순한 미학적 특징이 아니라 한국 문화의 본질적 DNA임을 설득력 있게 보여줍니다.

 책을 읽다가 뜻밖의 대목에서 멈춰 섰습니다. 저자가 오대산 자락에서 하트스마일러들을 위한 일주일간의 침묵 수행에 참가했을 때의 일화였습니다. 저자는 하루 종일의 수행을 마치고 숙소에서 박태원 교수의 『원효-하나로 만나는 길을 열다』를 읽으며, 원효가 '불각不覺', 즉 깨닫지 못함까지도 긍정적으로 바라보는 것을 이해하지 못해 고민하다 잠들었다고 합니다.

 놀라운 우연이었을까요? 바로 다음 날 아침, 수행 후 제가 법문에서 원효를 언급하며 "세상을 이분법적으로 보지 않았다면 현대 과학은 발전할 수 없었을 것입니다"라고 말했을 때, 저자가 갑자기 깨달음을 얻었다는 대목을 읽으며 저 역시 깊은 감동을 받았습니다. 깨달음만 있고 무명이 없다면, 빛만 있고 어둠이 없다면 세상은 얼마나 단조로울까요. 이 순간의 통찰이야말로 이 책이 추구하는 '화쟁'의 살아있는 예시였습니다.

 케데헌의 주인공 루미가 자신의 악령 패턴을 받아들이며 진정한 힘을 찾듯이, 우리도 내면의 그림자를 통합할 때 온전해집니다. 이것이 원효가 말한 일심이문 一心二門이며, 제가 명상과학연구소에서 늘 강조하는 '지금 이대로 있는 그대로 온전함에 깨어 있기'의 본질입니다.

특히 인상적인 것은 저자가 '실과 옷감'의 은유로 존재와 관계를 설명하는 대목입니다. 한국어의 '풀어낸다', '매듭을 짓다', '실마리를 찾다' 같은 표현들이 단순한 언어 습관이 아니라 깊은 철학적 세계관의 반영임을 보여줍니다. 이는 현대 뇌과학이 발견한 시냅스 연결, 양자역학의 얽힘과도 놀랍도록 공명합니다.

저자는 명상을 "있는 그대로를 바라보는 훈련"이라 정의하며, 『염처경』의 "몸을 안팎으로 관찰하라"는 가르침을 인용합니다. 내면을 관찰하는 것에서 시작해 타인과 세계로 확장되는 알아차림의 여정. 그것이 명상이며, 화쟁이고, K-Culture가 세계에 전하는 지혜입니다.

이 책은 학술적 깊이와 대중적 친근함을 절묘하게 조화시킵니다. 마치 원효가 술집에서 춤추며 불법을 전했듯이, 저자는 넷플릭스 애니메이션을 통해 심오한 철학을 전달합니다. 딱딱한 이론서가 아니라 살아 숨 쉬는 문화 비평이자, 미래를 향한 따뜻한 제안입니다.

『케데헌에서 발견한 한국의 사유들』은 한류 연구의 새로운 지평을 여는 책입니다. K-Culture를 사랑하는 이들에게는 더 깊은 이해를, 한국 사상에 관심 있는 이들에게는 살아있는 현재성을, 명상 수행자들에게는 일상 속 깨어있음의 가능성을 선물할 것입니다.

무엇보다 이 책은 우리 모두가 "우주의 옷을 함께 입고 있는 존재"임을 일깨웁니다. 서로의 상처와 아름다움이 얽혀 하나의 장엄한 직물을 이루고 있다는 통찰, 이것이 케데헌이 보여준 것이고, 원효가 꿈꾼 것이며, 이 책이 전하는 메시지입니다.

대중문화 한류가 춤과 노래로 세계를 흔들고, 생활문화 한류가 김치와 비빔밥으로 일상을 바꾸었다면, 이제는 한 차원 더 깊고 높은 지혜문화 한류의 시대가 열리고 있습니다. 이 책은 바로 그 K-Wisdom Culture의 서막을 알리는 신호탄입니다. 언젠가 세계의 젊은이들이 BTS의 노래를 부르듯 원효의 화쟁을 이야기하고, 넷플릭스를 보듯 자연스럽게 한국의 지혜를 실천하는 날이 올 것입니다. 그것은 한국이 세계에 주는 일방적 선물이 아니라, 함께 짜나가는 미래의 직물입니다.

2025년 가을
KAIST 명상과학연구소 소장 김완두

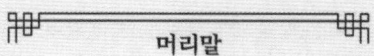
머리말

작은 것이 세상을 움직이는 시대

산 아래 작은 동네의 저녁은 도심과는 많이 다르다. 해가 저물면 소음이 잦아든다. 그 자리에 고요가 찾아온다. 그 고요 속에서 작은 것들이 들리기 시작한다. 나뭇잎이 바람에 흔들리는 소리, 풀벌레 소리… 그런 평범하고 평화로운 저녁, 나는 TV화면을 보고 있었다.

《케이팝 데몬 헌터스》(이하 '케데헌'). 처음엔 그저 유행을 따르는 애니메이션 중 하나겠거니 했다. 그런데 이상했다. 한 번 보고, 또 보고, 다시 보게 되었다. 같은 영화를 반복해서 보게 된 것은 수십 년 만의 일이었다. 무엇이 나를 붙들었을까?

화면을 자세히 들여다보기 시작했다. 옷자락의 문양 하나, 머리카락이 흔들리는 리듬, 목소리가 만드는 미세한 떨림. 이것은 단순한 이야기가 아니었다. 무언가가 정교하게 짜여 있었다. 마치 아름다운 직물처럼, 한 올 한 올 정성스럽게. 그 실을 따라가기 시작했다. 실은 작품을 넘어 문화로, 문화를 넘어 사유로 이어졌다.

어느 순간부터 세계가 한국문화를 다시 보기 시작했다. K-팝과 K-드라마는 물론, 한강 작가의 노벨문학상 수상으로 K-문학까지 주목받고 있다. 이런 현상을 지켜보며 자연스럽게 궁금증이 들었다. 세계는 왜 지금, K-문화에 이렇게 깊이 끌리는 걸까?

케데헌의 7년간 쌓아올린 세심한 고증, BTS 무대의 호흡까지 맞춰진 안무, 한강 소설의 한 문장 한 문장에 스며든 정교함. 이런 것들을 보면서 문득 생각이 들었다. 혹시 세계가 K-문화에 마음을 여는 이유 중 하나가, 작은 것에도 따스한 주의를 기울이는 마음, 보이지 않는 곳까지도 정성을 다하는 태도 때문은 아닐까?

이 책은 《케이팝 데몬 헌터스》라는 하나의 작품에서 시작해, K-문화에 스며 있는 어떤 감각을 탐구하고자 한다. 7년간 한 땀 한 땀 쌓아 올린 디테일 속에서 어떤 마음가짐을 발견할 수 있는지, 작은 애니메이션 하나가 어떻게 많은 사람들의 마음을 움직일 수 있었는지.

그 과정에서 더 깊은 질문과 만난다. 이 감각은 어디서 왔을까? 역사는 복잡하고 문화의 변천은 단순하지 않지만, 과거와 현재 사이의 대화를 시도해볼 가치는 있다. 이것은 K-문화를 바라보는 수많은 시선 중 하나의 실마리다. 독자마다 다르게 볼 수 있고, 동의하지 않을 수도 있다.

다만 우리가 평소 지나쳐 왔던 작고 소중한 것들을 다시 한번 바라보는 계기가 되기를 바란다. 우리 모두가 독특한 '결'을 지닌 존재임을, 그리고 그 결들이 만나 아름다운 무늬를 이루어 간다는 사실을 느낄 수 있다면 좋겠다.

그렇게 세상이 조금이라도 더 부드럽고 따뜻하며 섬세한 곳으로 나아가기를 바라며.

2025년 가을

범진

제1부

케데헌에서 시작하는 발견

1부

| 케데헌에서 시작하는 발견 |

♣ **작은 울림이 점차 하나의 탐구가 되었다.**

나는 영화를 다시 보았다. 감동의 여운과 함께, 때로는 화면을 멈추며.

그제야 보이기 시작했다. 루미가 입은 옷과 그 안에 담긴 문양들, 그 자연스러운 곡선이 움직임에 따라 펼쳐지고 접혔다. 배경에 스쳐 지나가는 서울의 건물과 거리들. 아주 잠깐 스쳐 지나가는 장면조차, 정교하게 그려져 있었다. 긴 시간의 노력이 한 땀 한 땀 쌓여 있는 것이 보였다.

이 영화를 만든 사람들이 궁금해져 찾아보았다.

한국계 캐나다인 매기 강 감독은 케이팝 팬으로서 자신이 사랑한 문화를 진정성 있게 담고 싶었다고 했다. 크리스 애펠한스 감독은 팬데믹 시기 BTS의 무대에서 위로를 받았다고, 그 위로를 영화에 담고 싶었다고 했다.

"어둠이 짙게 드리운 세상에서 노래가 가진 신비로운 힘을 이야기하고 싶었습니다."

영화 속에서 헌트릭스의 노래는 단순한 음악이 아니다. 목소리 하나

하나가 악령을 물리치는 무기가 되고, 선율은 방어막 '혼문'이 되어 사람들을 지킨다. 노래가 직조하듯 짜여진다. 두 감독이 오랜 기간 이 영화를 만들면서 한 일도 그랬을 것이다. 한 땀 한 땀, 직조하듯이.

나만이 아니었다. 세계 곳곳에서 사람들이 이 작은 애니메이션에 마음을 빼앗기고 있었다. 미국 극장에서는 한국어를 모르는 관객들이 한국어 가사를 따라 불렀다. 영화 속 전통 매듭 팔찌는 품절되었다.

무엇이 이들을 끌어당긴 걸까?

그 답을 찾기 위해, 나는 작품 속 작은 것들을 하나씩 들여다보기로 했다. 나는 잠시 마음을 고요히 하며, 스크린 속 세상을 다시 바라보았다.

1장 7년의 정성이 빚어낸 기적

케데헌은 구상에서 완성까지 7년이 걸렸다. 하지만 단순히 오래 걸린 것이 아니었다. 그 시간 동안 무언가를 쌓아 올리고 있었다. 헌트릭스의 춤은 실사처럼 정교했다. 수십 번의 데모 끝에 완성된 OST 〈Golden〉. "I was a ghost…"로 시작하는 가사 속 "아―" 하는 한숨 하나에 루미의 고립이 응축되어 있었다. 한옥 처마의 곡선, 수저 사용법, 장신구의 디테일까지.

우연이 아니었다.

매기 강 감독은 말한다. "우리는 K-팝을 깊이 연구했어요. 음악, 퍼포먼스, 스타일―모든 면에서요." 이런 디테일들이 작품의 심장이 되었다.

[한국-서울 광화문 / 중국-쿤밍 위안통스(圓通寺) / 일본-교토 기요미즈데라(淸水寺) 처마 비교]
한국·일본·중국은 기와를 공유하지만 한국의 처마선은 독특하다. 케데헌에서는 이를 정밀하게 표현했다.

BBC는 이 작품의 성공요인으로 "문화적 정확성"을 꼽았다. 관객들 역시 특히 한국 문화의 디테일이 정확하게 표현된 점을 높이 평가했다.

이는 단순한 재현이 아니라, 한국 문화가 품고 있는 깊은 정서와 미학을 스크린으로 옮긴 것이었다. 매기 강 감독은 말한다.

"다른 작품들에서 아시아 문화가 부정확하게 표현되는 걸 보며 늘 안타까웠습니다. 그래서 한국 문화의 디테일만큼은 제대로 보여주고 싶었어요. 한국인 스태프들과 함께 수없이 수정하며 완성했습니다."

결과는 어땠을까? 작품 곳곳에 한국적 요소가 숨 쉬듯 살아났다. 먼저 생활 속에 담긴 모습을 보자.

루미의 외관, 그 중에서 가장 눈길을 사로잡는 것은 길게 땋은 머리다.

"한국적 미학에 경의를 표하고 싶었습니다." 매기 강 감독이 그 헤어스타일에 대해 한 말이다. 루미가 한 헤어스타일을 한국 전통에서는 댕기머리라고 부른다. 조선시대 미혼 여성들에게 이 머리는 청춘의 상징이었다. 머리를 하나로 곱게 땋아 끝에 댕기 장식을 더한다. 움직일 때마다 살랑거리는 모습이 봄바람에 흔들리는 버들가지처럼 아름답다.

나 역시 루미의 살랑거리는 머리를 보며 마음이 설렜다. 이 나이에 이래도 되나 싶었다. 하지만 진우가 나보다 350살이나 많다는 사실을 알고는 마음 놓고 설렐 수 있었다.

영화에 등장하는 도깨비들의 모습을 자세히 보면 한국 기와의 전통 문양인 귀면과 매우 닮아 있다는 점을 발견할 수 있다. 귀면은 5세기 고

[경북 경주시의 월지에서 출토된 7세기 말 무렵 신라시대 녹유귀면와_국립경주박물관 소장]

구려시대부터 등장하는 우리 고유의 문양으로, 부리부리한 눈과 드러난 송곳니, 돼지코 같은 콧구멍의 특징을 지니고 있다. 귀면의 문양을 한 기와를 귀면와라고 부르는데, 전통적으로 잡귀나 재앙을 막기 위하여 처마 서까래 끝에 붙였다.

작품의 노리개 장식도 마찬가지. 세심한 전통이 살아 숨 쉰다. 루미는 세벌국화매듭에 방울을 달아 퇴마사의 힘을, 미라는 나비매듭과 하트로 발랄함을, 조이는 두벌국화매듭과 옥 장식으로 사랑스러움을 드러냈다. 작은 매듭의 고리 하나에도 수백 년 전통이 깃들어 있다. 같은 실을 두 번, 세 번 감아내며 서로 다른 무늬를 짜내듯, 이 작은 장식들은 캐릭터마다 고유한 결을 만들어낸다.

7은 동서양 모두에게 특별한 숫자다. 동양에서는 직녀와 견우가 칠월칠석에 만나고, 북두칠성은 무속 신앙의 중심이었다. 케데헌의 7년은 단순한 제작 기간이 아니라, 상징성을 덧입은 시간이었다. 그 긴 시간 동안 기울인 이런 정성이 전 세계 관객들에게 특별한 울림을 주었을 것이다. 고증은 완성도를 위한 장식이 아니라, 작품에 진정성을 불어넣는 토대였다.

그런데 의문이 남는다. 세계 관객들은 귀면와를 알았을까? 댕기머리의 의미를

[한국의 전통 노리개 매듭
_국립중앙박물관 소장]

이해했을까? 아마 대부분은 몰랐을 것이다. 그런데도 그들은 열광했다. 실마리는 전통이 현대의 감각으로 되살아나는 순간에 있었다.

♣ 전통의 재탄생

앞서 본 7년 고증을 따라가다 보면, 단순 완성도 추구를 넘어선 무언가가 보인다. 그 디테일들 속에서 우리는 전통이 새로운 생명을 얻는 순간을 목격하게 된다. 분명히 어디선가 본 모습인데 다르다. 그리고 세련되었다. 그 묘한 익숙함과 낯설음은 어디서 오는 것이었을까?

진우의 곁을 지키는 호랑이 '더피'와 '까치'를 보면서 흥미로운 점을 발견하게 된다. 이들은 단순한 캐릭터가 아니라 호작도[호랑이와 까치 그림]에서 가져온 존재들로, 조선 후기 민화 속에서 수백 년간 우리 조상들과 함께 살아온 친숙한 친구들이다. 호랑이는 액운을 막아주고, 까치는 좋은 소식을 전해주는 전령사였다.

나는 어릴 적에 몽상가였다. 잠자기 전, 현실에서는 없는 일들을 머리 속에서 상상하다가 잠이 들곤 했다. 바다 전체가 초콜릿 우유인 곳에서 헤엄을 치고, 털이 보들보들한 커다란 야생동물들과 놀다가 그 품에서 잠드는 상상이었다. 더피는 나의 어린 시절 상상에 꼭 맞는 이미지여서 일곱살의 나에게는 선물 같은 동물이다. 호랑이를 그렇게 귀엽고 앙증맞게 표현한 감독과 아티스트에게 경의를 표한다.

호작도 속에서 호랑이는 때로 힘이 세지만 어리석은 관리나 양반을 상징한다. 반면 까치는 작고 약하지만 호랑이를 내려보며 깔보는 백성을 나타내기도 했다. 케데헌에서 갓이 원래 호랑이 것이었는데 까치가 빼앗아 쓰고 있는 설정도 이러한 호작도의 맥락과 연결된다.

제주도를 배경으로 헌트릭스의 대모인 셀린은 커다란 나무 앞에서 멤버들에게 말한다. 그 장면의 뒤에는 나무 가지 가지마다 형형색색의 천들이 바람에 휘날리고 있다. 마을의 중심에 전통신앙의 대상이 된 커다란 나무를 당산나무라 부른다.

당산나무에 드리운 다섯 빛깔의 천 역시 단순한 장식을 넘어선다. 푸른 천에는 봄의 새싹 같은 생명력이, 붉은 천에는 여름의 불길 같은 열정이, 황색에는 균형, 흰색에는 가을의 결실, 검은색에는 겨울의 고요가 담겨 있다. 오방색은 자연의 계절과 방향, 그리고 사람들의 소망을 하나로 묶어왔다. 바람에 펄럭이는 천마다 이 다섯 색깔이 어우러지듯 마을이 언제나 평화롭고, 어려움이 닥쳐도 잘 이겨내길 바라는 소망이 담겨져 있다.

예전에 아이들과 함께 경복궁을 방문한 적이 있다. 왕이 정무를 행하던 근정전 안에는 화려한 색의 일월오봉도가 병풍처럼 펼쳐져 있었다. 그 때 본 건물과 그림을 케데헌에서 다시 보다니 색다른 느낌으로 다가왔다. 배경에 등장하는 일월오봉도는 한국적 우주관을 압축한다. 봉우리 다섯, 해와 달, 소나무와 물결이 함께 어우러진 그림은 왕이 국토와 생명을 지키는 존재임을 상징했다. 루미의 무대 뒤로 펼쳐진 일월오봉도는, 이제 음악이 새로운 질서를 세우는 수호자임을 말해준다.

✤ 무대배경과 무기

작품 속 전통적 디테일들을 따라가다 보면 더욱 놀라운 발견들을 하게 된다. 헌트릭스 팬들의 응원봉에는 자개의 빛과 문양이 깃들어 있다. 무대가 하늘에서 내려다보이는 순간, 스테이지의 문양은 내게 묘한 기시감을 주었다. 저 형태는 어디서 많이 본 것인데 무엇이지? 잠시 생각하던 나는 떠올릴 수 있었다. 바로 단청의 형태였다.

단청은 궁궐과 사찰의 기둥과 천장을 수놓던 전통 문양이다. 그 기하학적 패턴이 무대 위에 재현되며 신성한 사찰의 기운과 K-팝 콘서트의 열기를 동시에 품었다. 한 네티즌의 감탄처럼. "사찰 같으면서도 클럽 같은… 신비로운 공간이었어요." 멤버 의상에도 이 매력이 이어진다. 비행기 장면에서 루미의 상의에는 전통문양이, 조이의 탱크톱에는 단청과 연꽃이 새겨져 있다.

예전 다니던 고등학교 뒷산 너머에는 커다란 절이 있었다. 그 후로 불교철학과 명상을 공부하며 답사를 겸해 답답할 때마다 사찰에 찾아가 시간을 보내다 오곤 했다. 그 때 보던 문양과 색채를 애니메이션의 곳곳에서 발견할 수 있어 반가움으로 다가왔다.

무기들을 살펴보는 것도 흥미롭다. 미라는 월도와 무당 지팡이를, 조이는 제주 신칼을 변형한 무기를 든다. 단연 눈길을 끄는 것은 루미의 사인검四寅劍이다. 호랑이해, 호랑이달, 호랑이날, 호랑이시, 즉 인寅이 네 번 겹치는 순간에만 만들 수 있다. 오직 12년에 한 번만 만들 수 있는 신성한 검이다. 요귀를 베고 간악함을 몰아내는 힘을 지닌 이 칼은 본래

[철제 금은입사 사인참사검
_국립중앙박물관 소장]

조선 시대 왕의 권위를 상징하는 무기였다.

제작 과정은 신성한 의식 그 자체다. 인시[새벽 3~5시]에 달궈진 쇠를 두드려 칼날을 다듬는다. 최고의 장인이 몇 달 전부터 몸가짐을 정갈히 하며 그 순간을 기다렸다.

칼의 한쪽 면에는 황금으로 '사인검'이라는 글자가, 다른 한쪽에는 북두칠성과 동서남북 사방의 수호를 상징하는 28수 별자리가 빼곡히 각인되어 있다. 애니메이션 속 루미의 검은 이러한 전통적 디자인을 충실히 반영하여 그려졌다.

만일 영화 속에서 전통의 모습 그대로를 가져가 재현했다면 그만한 감동은 없었을 것이다. 케데헌은 전통을 박물관 속 유물로 가두지 않았다. 오히려 그 속에 깃든 정서와 상징을 현대적 감각으로 풀어내었다. 그런 세련된 감각이 천년 전의 숨결을 21세기 관객에게 다시 살아 흐르도록 한 비결이었다.

✤ 일상 속 한국적 디테일

케데헌은 한국인의 일상을 놀라울 만큼 사실적으로 담아냈다. 헌트릭스 멤버들이 김밥과 라면을 즐겨 먹고, 기운이 떨어지면 뜨끈한 국밥을 찾고, 친목을 위해 목욕탕에 가고, 아프면 한의원에 들르는 모습까지. 이런 소소한 습관이 진짜 한국인의 모습을 담아낸다.

음식 하나에도 정성이 깃들었다. "한국인에게 음식은 문화의 핵심이니, 각별히 신경 썼어요"라고 강 감독은 말했다. 루미 목소리 때문에 공연이 무산된 후, 멤버들이 국밥을 함께 먹는 장면. 원래 씬은 루미가 뚝배기를 손으로 잡고 젓가락으로 먹는 것이었다. 감독이 "한국인이라면 절대 그렇게 안 해요"라며 숟가락으로 떠먹는 장면으로 고쳤다. 게다가 수저 아래 냅킨 까는 디테일까지 추가해 사실감을 더했다.

특히 한국인 3D 모델러 류인선 씨의 정성은 빛났다. 3D 모델러는 컴퓨터로 입체 형태와 질감을 만드는 전문가다. 그는 홀로 모든 한국 음식과 한옥을 세심히 제작했다.

김밥은 깨가 '후루룩' 뿌려진 모습으로, 국밥에는 작은파가 송송 썰어져 들어간 디테일까지 놓치지 않았다. 기와는 중국에도 일본에도 있지만, 처마의 곡선만큼은 한국 고유의 독특한 라인이 있다며 그 미묘한 곡선을 정확히 구현했다. 이처럼 작은 디테일 하나하나에 쏟은 정성이 화면 전체에 한국적 정서를 자연스럽게 스며들게 했다.

매기 강 감독은 이 사실감을 위해 스태프들과 한국을 직접 방문해 명동의 길 블록과 건물 벽돌까지 사진으로 담았다. 그는 "작은 차이 속에 깃든 느낌을 전하고 싶었다"고 말한다.

이처럼 케데헌은 한국인만이 알 수 있는 미세한 일상의 결들을 세심하게 포착했다. 그 결과 한국 관객들은 "이건 정말 우리 이야기다"라는 친근함을, 해외 관객들은 "진짜 한국은 이런 모습이구나"라는 신선함을 동시에 느낄 수 있었다.

케데헌의 매력은 단순히 외양적인 것에 그치지는 않았다. 그 보다는 그 내면에서 솟아나오는 무언가가 있는 듯했다. 나는 탐구를 멈추지 않고 계속했다. 어느 덧 케데헌의 관람 숫자는 네 번을 넘어가고 있었다.

❖ 미세한 감정의 결들

케데헌이 보여주는 또 다른 정교함은 등장인물들의 감정 표현에 있다. 진우가 어린 팬으로부터 꽃다발을 받는 장면을 다시 보자.

잠깐, 뭔가 이상하다. 저 표정은… 당황인가? 아니면 부끄러움? 눈가의 미묘한 떨림 하나까지 놓치지 않고 담아내고 있다. 어떻게 애니메이션에서 이런 섬세한 감정 표현이 가능할까?

그 답은 안효섭에게 있었다. 진우의 목소리를 맡은 이 캐나다계 한국인 배우는 단순히 목소리만 연기한 게 아니었다. 녹음 부스에서 카메라가 그의 표정까지 촬영했고, 그 미세한 감정 변화들이 그대로 캐릭터에 스며들었다.

더 흥미로운 건 그가 작품에 참여하게 된 계기다. 매기 강 감독이 직접 전해온 손편지 때문이었는데, 안효섭은 "편지에서 따뜻한 진심이 느껴졌다"고 회상했다. 손편지를 받은 적이 언제였던가를 떠올려 보면 기억이 잘 나지 않는다. 아마도 독자 여러분들도 그렇지 않을까. 이메일과 카톡이 등장한 후로 손편지는 특별한 무엇이 되었다. 이런 시대에 감독으로부터 손편지를 받다니, 안효섭 배우의 감동은 어렵지 않게 상상할 수 있다. 매기 강 감독이 캐릭터에 맞는 목소리를 찾아 얼마나 정성을 기울였는지 보여주는 일화다.

주역 3인방의 여성 캐릭터들의 표정도 관객의 주의를 끌어당긴다. 때로는 진지하게 때로는 유쾌하게 표현된다. 예상치 못한 코믹한 표정 연기는 그 자체가 특별한 매력이 되었다. 이는 아이돌을 신격화하지 않고 '우리와 같은 사람'으로서의 인간적인 면모를 보여주었을 뿐 아니라 재미적 요소까지 선물했다.

언어적 디테일에서도 케데헌의 정교함은 돋보인다. 영어 원작임에도 불구하고 "가자~", "후배", "아이씨", "루미 님"과 같은 한국식 발음과 표현을 그대로 살려냈다. 대사 곳곳에는 한국어 특유의 뉘앙스를 활용한 언어유희가 숨어 있다.

예를 들어, 헌트릭스 멤버들이 가죽옷을 입고 미끄럼틀을 내려오는 장면. 가죽이 끼익거리는 소리를 내자 "가죽들이 우릴 배신했어"라고 말하는데, 이는 한국 영화나 드라마에서 흔히 들을 수 있는 "가족이 날 배신했어"를 약간 변용한 표현이다.

노래에도 곳곳에 영어가사와 함께 한국어 가사가 등장한다. 각 캐릭터마다 목소리 연기와 노래를 담당하는 가수를 분리한 이중 캐스팅 역시, 최적의 음성적 질감을 위한 세심한 선택이었다.

이처럼 케데헌은 표정 하나, 말투 하나까지도 세심하게 다듬어 캐릭터들이 살아 숨 쉬는 존재로 느껴지게 했다. 미세한 감정의 변화를 포착하고 표현하는 이런 섬세함이 작품에 생명을 불어 넣었다.

진품의 아우라가 주는 감동

케데헌의 인기는 특이하게도 국립중앙박물관에 사람들의 발길로 이어졌다. 많은 사람들이 영화에 등장하는 호랑이 등 진짜 작품을 보기 위해서다. 철학자 발터 벤야민은 아우라Aura라는 개념에 대해 이야기했다. 복제품이 가질 수 없는 진품만이 지니는 독특한 에너지, 매력이다. 그는 아우라를 이렇게 정의했다. "아우라란 무엇인가? 그것은 공간과 시간으로 짜인 특이한 직물로서, 아무리 가까이 있어도 멀리 떨어져 있는 어떤 현상이다."

[호작도_국립중앙박물관 소장]

진품 앞에 서면, 가까이 있어도 아득하다. 시공간의 밀도가 주는 압도감 때문이다. 케데헌을 본 많은 사람들이 화면 속 문화유산의 원형을 직접 만나고 싶어하며 국립중앙박물관을 찾고 있다. 진품이 가진 특별한 기운과 아름다움을 몸소 체험하려는 것이다.

케데헌의 인기 배경에는 이

러한 진품에 영감을 받은 세심한 고증과 연출이 있었다. 그리고 그것이 다시 진품에 대한 열기로 이어지는 선순환, 아름다운 고리를 만들어 냈다. 정성, 고증, 감정의 섬세함, 일상의 디테일, 그리고 진품에 대한 존중. 이 모든 것이 어우러져 케데헌은 단순한 애니메이션을 넘어 하나의 문화 현상이 되었다.

그런데 이런 현상을 자세히 들여다보면 흥미로운 질문이 떠오른다. 케데헌이 보여준 이 섬세함은 과연 우연일까? 아니면 그 저변에 더 깊은 무언가가 흐르고 있는 것일까? 7년의 정성으로 만들어진 하나의 작품이 전 세계를 움직일 수 있었던 힘은 도대체 어디서 온 것일까?

이 질문에 답을 찾기 위해서 케데헌의 섬세함이 어떻게 여러 요소들과 연결되어 짜여지게 되었는지 살펴보았다.

2장 작은 것들이 만드는 큰 파도

대학시절 한 권의 책을 재미있게 읽은 적이 있다. 바로 '쥬라기 공원'이었다. 쥬라기 공원에 등장하는 카오스이론은 무척 매력적이었다. 지금은 일반화되었지만 당시만 해도 매우 생소한 개념이었다. 카오스이론은 한마디로 말하면 멀리 떨어진 곳에서 일으킨 나비의 날개 짓이 다른 곳에 태풍을 불게 한다는 것이었다. 즉 세상은 복잡하게 연결되어 있고 그 복잡계 속에서 작은 변화가 예상치 못한 커다란 결과를 가져온다는 것이다.

세월이 흐르면서 그 말이 얼마나 진실된 이야기인지 삶을 통해 체험할 수 있었다. 외교관이 되기를 꿈꾸었던 한 젊은이가 우연한 기회에 일본 유학을 하게 되고, 컨설턴트와 코치를 거쳐, 철학과 명상에 대해 글을 쓰는 작가가 되었는지… 구비구비마다 작은 선택과 갈림길이 커다란 경로의 차이로 이어짐을.

그리고 그것은 한 개인의 삶뿐만이 아니었다. 지금 벌어지고 있는 세상의 흐름도 마찬가지였다. 케데헌이라는 현상도 바로 이러한 연결과 카오스의 현상이 아닐까 하는 생각이 스쳐갔다. 그리고 살펴보기 시작했다.

♣ 작은 클릭에서 시작한 연결의 직물

2012년, 미국 멤피스의 14살 소년 에번은 우연히 노트북 화면 속에서 한국 드라마 《풀하우스》를 클릭했다. 미국 시트콤의 리메이크일 거라 생각했지만 전혀 달랐다. 낯설고도 묘하게 친숙한 그 세계는 단숨에 그를 사로잡았다. 그 작은 클릭이 그의 삶을 바꿨다. 12년이 지난 지금, 그는 한국에서 영어 교사로 일하고 있다.

얼마 전 BBC 기사에서는 이런 현상을 짚었다. "추천 콘텐츠를 따라가다 보면 시청자들은 낯설지만 동시에 친숙한 세계에 빠져든다." 에번은 드라마에서 OST로, OST에서 K-팝으로, 예능 프로그램으로 자연스럽게 이동했다. 마치 가는 실이 날줄과 씨줄로 엮여 하나의 직물이 되듯, 한 작품이 또 다른 세계로 이어지며 거대한 생태계로 확장된 것이다.

한때는 아시아에서만 머물던 한류가, 스트리밍 플랫폼과 함께 전 세계로 뻗어 나갔다. 넷플릭스를 필두로 한 스트리밍 서비스가 스마트폰을 가진 모든 사람의 삶 속으로 연결시켜 주었다. 그때부터 추천 엔진이 한국 문화 팬들을 만들어내는 데 결정적 역할을 했다. 그들을 하나의 작품에서 다음 작품으로, 서로 다른 장르와 심지어 다른 플랫폼까지 아우르며 안내했다.

이 연결망의 힘은 케데헌에도 그대로 작동했다. 처음엔 낯설고 독특한 작품이었지만, 스트리밍 서비스와 추천 알고리즘을 따라가던 전 세계 관객은 어느 순간 케데헌의 세계와 마주했다.

과거에는 물리적 거리와 언어가 문화의 확산을 막았다. 하지만 디지털 기술이 만든 섬세한 연결망은 이 장벽들을 허물었다. 오늘의 관객은 수동적인 소비자가 아니다. 작품을 찾아보고, 분석하고, 같은 관심사를 가진 사람들과 온라인에서 대화한다. 연결은 새로운 길을 만든다. 드라마에서 음악으로, 음식에서 언어로, 나아가 케데헌과 같은 새로운 서사 세계로 이어진다.

이것이야말로 '연결'이 빚어낸 기적이다. 작은 클릭 하나가 인생을 바꾸고, 수많은 클릭들이 모여 거대한 문화적 직물을 짜낸다. 그 직물은 지금 이 순간에도 자라나고 있다. 케데헌은 그 직물 위에 새겨진 한 무늬로, 세계인에게 낯설면서도 친숙한 감각을 동시에 선사한다.

케데헌을 네 번째 관람하며 나는 깨달았다. 내가 찾고 있었던 것은 단순히 하나의 작품에 대한 분석이 아니었다. 그것은 우리 시대가 잃어버린 무언가를 다시 찾는 과정이었다. 그것은 자기 자신에 대한 따듯한 바라봄, 즉 진정한 자신과의 연결이지 않을까 하는 생각이 스쳐 지나갔다.

♣ 작아질수록 커지는 연결

루미의 여정에서 가장 눈에 띄는 점은 역설이다. 자신을 가장 작은 단위인 '나'에 집중할수록, 오히려 더 큰 세상과 연결된다는 것이다. 그녀는 퇴마사이면서 동시에 악령인 존재라는 모순된 정체성을 받아들이면서, 더 많은 이들과 진정한 관계를 맺기 시작한다.

처음엔 왜 숨겼을까? 다른 사람과 다르다는 사실이 두려웠고, 거부당할까 봐 걱정했다. 그러나 불완전함을 드러낼 때 오히려 마음의 문이 열렸다. 이는 소셜미디어 시대의 역설과 닮아있다. 완벽한 모습을 꾸며낼 때는 얕은 관계에 머물지만, 자신을 그대로 보여줄 때 의미 있는 연결이 시작된다. 완벽함은 벽이 된다. 있는 그대로일 때, 진짜 관계가 시작된다.

강의나 코칭을 하다보면 이것을 피부로 느낄 때가 많다. 강의를 듣는 사람은 강단에 선 사람을 먼 대상으로 느낀다. 하지만 강사가 완벽하지 않은 사람임을 솔직히 드러내고 나누는 순간, 청중과의 거리가 한결 가까워짐을 느끼게 된다. '선생님은 명상할 때 아무 생각도 나지 않나요?' 어떤 분이 물었다. '아뇨. 저도 이 생각 저 생각 많이 일어납니다. 생각이 일어나는 건 너무나 당연한 거니 걱정하지 않으셔도 됩니다'라고 답하는 순간 그 분의 얼굴에서 안도와 반가움의 표정이 스쳐간다.

BTS가 이전 다른 스타들과 다른 점도 이 부분이다. 이전 스타들이 무대 위에서만 완벽한 모습을 보여주었다면, 그들은 일상의 소소한 장면과 솔직한 감정을 소셜미디어에 나누며 팬들에게 다가갔다. 웃음과 눈물, 실패와 고민까지. 이 모든 것을 드러내며 만들어진 소통은 더 깊은 연결을 만들어 냈다. BTS와 팬들을 묶는 힘은 화려한 무대뿐만이 아니라 인간적인 진실을 함께 나누는 그 따뜻한 순간들 속에 있었다.

케데헌이 전 세계 관객들과 공명한 비밀도 여기에 있는게 아닐까. 루미는 완벽한 영웅이 아니다. 상처받고 흔들리며 성장하는 인물이기에, 더 많은 사람들이 자신의 모습을 그 안에서 발견한다.

매기 강 감독도 이렇게 말한다. "친구들에게 사랑받고 싶고, 주변에게 인정받고 싶어하는 마음은 전 세계 누구나 똑같이 가지고 있다. 사랑받기 위해 숨기거나 인정받지 못해 수치심을 느끼는 지점도 마찬가지다." 초기 시사회에서 여섯 살 아이가 루미의 두려움을 바로 이해한 것은, 이 감정이 나이와 인종을 넘어 울림을 주는 증거였다.

극중 한의사의 장면도 같은 주제를 변주한다. 그는 루미를 진찰하며 말한다. "부분을 치료하려면 전체를 이해해야 하는 법이죠." 그리고 잠시 멈추더니 덧붙인다. "이상하다, 벽을 겹겹이 쌓았군요. '벽'이 너무 많아요."

한의사의 말은 단순한 진단을 넘어선다. 하나에만 매달리면 전체와의 연결이 끊어진다. 루미의 내면 깊은 곳을 꿰뚫는 이 대사는, 작품 전체를 관통하는 메시지를 드러낸다. 우리는 불완전한 자신을 받아들일 때 비로소 서로에게 열린다. 작은 나로부터 시작하여 거대한 연결망 속으로 들어가게 된다.

이 흐름은 한국 전통 신앙과 맞닿는다. 누군가는 "인류 최초의 아이돌은 샤먼[무당]이었다"고 말한다. 샤먼은 춤과 노래로 우주와 연결되고, 그것을 지켜보는 사람들은 다시 샤먼을 통해 우주와 연결된다. 무대 위 헌트릭스와 관객도 다르지 않다. 노래와 춤은 직물의 실처럼, 인물과 관객, 보이지 않는 세계를 하나로 엮어냈다.

✤ 갓, 씨줄과 날줄로 엮인 우주의 은유

한국에서 연결의 이미지는 주로 실과 옷감으로 나타난다. 케데헌에서도 한국 고유의 실이나 옷감을 활용한 소재들이 보인다. 자수로 된 팔찌, 그리고 무엇보다 사자보이즈들이 쓰고 나온 갓이 그렇다.

케데헌 덕분에 세계인들이 우리의 전통 모자에 관심을 갖게 되었다. 넷플릭스는 '갓-플릭스'라는 별칭을 붙여졌고, 뉴욕과 파리의 패션 무대에도 갓에서 영감을 받은 작품들이 등장했다. SNS에서는 '갓챌린지'가 밈처럼 퍼져나가며, 전 세계 젊은이들이 이 독특한 모자를 직접 쓰고 사진을 올렸다. 이제 갓은 한국의 전통을 넘어 세계 패션과 문화의 아이콘이 되었다.

갓이 이렇게 다른 모습으로 사람들에게 다가올 줄은 몰랐다. 나는 무상함의 진실, 즉 모든 것은 원인과 조건에 따라 변할 뿐임을 이것을 보며 다시 느낄 수 있었다. 내가 어릴 적 갓은 '무서움'의 상징이었다. 어린 시절 가장 무서운 순간은 매주 밤에 하는 드라마 '전설의 고향' 시간이었다. 그리고 그 절정에는 항상 갓을 쓴 저승사자들이 등장했다. 한국에 전해지는 전설 중에서 가장 무서운 것들을 뽑아 그것도 밤 시간에 틀어준 것은 무슨 이유 때문이었을까… 아직도 의문이다. 하지만 많은 사람들에게 이불을 뒤집어 쓰고 공포에 떨며 가족과 함께 그 전설의 고향을 보던 것은 아련한 추억으로 남아있다. 내겐 담처럼 든든했던 아버지의 등모습도 함께.

갓은 말총으로 만든 흑립을 가리키는 순우리말이다. 갓을 만드는 과정은 그야말로 장인정신의 집약체라 할 수 있다. '갓일'이라 불리는 이 작업은 세죽사와 말총으로 갓을 만드는 과정을 말하는데 현재 중요무형문화재로 지정되어 있다.

갓의 구조를 들여다보면 날줄과 씨줄의 질서가 그대로 드러난다. 양태[갓의 챙]를 만들 때 얇게 쪼갠 대나무를 방사형으로 배치하여 날줄을 만들고, 말총으로 이를 가로질러 엮어 씨줄을 만든다. 머리 부분 역시 마찬가지다.

이렇게 완성된 갓의 모습은 신비롭게도 현대 물리학의 양자장 이론이나 블랙홀을 시각화한 일러스트레이션과 닮아 있다. 중심에서 방사형으로 뻗어 나간 날줄과 동심원을 그리며 엮인 씨줄이 만드는 격자무늬는 마치 시공간의 굽어진 모습을 보여주는 듯하다.

갓일에는 세심한 관찰과 인내가 필요하다. 대나무는 균일하게 쪼개야 하고, 말총은 하나하나 정성스럽게 엮어야 한다. 이 과정에서 장인은 재료와 대화한다. 대나무의 결을 읽고, 말총의 탄력을 느끼며, 전체의 균형을 맞춰간다.

완성된 갓은 단순한 모자가 아니라 작은 우주이다. 날줄과 씨줄이 이루는 직조의 아름다움은 세상의 모든 관계가 서로 얽혀 하나의 전체를 이룬다는 사실을 시각적으로 보여준다. 이런 흐름 위에서 케데헌의 갓은 단순한 의상이 아니라, 한국의 직조적 세계관을 현대적으로 되살린 상징이 된다.

갓을 쓴 선비는 단순히 햇볕을 가린 것이 아니라 우주적 질서 속에서

[갓과 갓집_국립중앙박물관 소장]

자신의 자리를 느끼고 있었을지도 모른다.

케데헌을 계속 보면서 나는 이 영화에 담긴 정성들, 그리고 그것들이 세상의 연결과 더불어 더 크게 물결을 일으키는 현상들에 대해 생각해 보았다. 그러나 한 가지 풀리지 않는 의문은 계속 남았다. 단지 세상이 연결되었기 때문에 이것이 가능했을까? 그 연결 속에서 더 확장될 수 있는 무언가 속성이 영화 속에 담겨있기 때문이 아닐까… 나의 탐구는 다시 한번 영화를 시작하며 계속되었다.

3장 경계를 넘어 스미는 힘

작은 클릭 하나가 인생을 바꾼다. 수많은 클릭들이 모여 거대한 문화적 직물을 짜낸다. 그 직물은 지금 이 순간에도 자라나고 있다.

그러나 연결만으로는 충분하지 않다. 연결된 실들이 아름다운 옷감이 되려면, 그 사이사이를 부드럽게 잇는 힘이 필요하다. 케데헌이 세계인의 마음을 움직일 수 있었던 것은 단순히 연결되어 있었기 때문이 아니라, 그 연결을 부드럽게 만드는 특별한 힘이 있었을 것이다. 그것은 무엇이었을까?

✦ 하드파워에서 소프트파워, 그리고 스위트파워로

프랑스 국제방송국 France24가 한류를 "스위트파워"라 부른 것을 처음 들었을 때, 나는 묘하게 고개가 끄덕여졌다. 단순한 소프트파워를 넘어선 무언가가 있다는 직감이 들었기 때문이다. 케데헌을 보며 느꼈던 그 부드러우면서도 강한 힘, 그것이 바로 스위트파워라는 생각이 들었다.

케데헌에서 가장 인상 깊었던 변화는 헌트릭스의 노래가 '테이크다운'에서 '골든'으로 바뀌는 순간이었다. 분노에서 포용으로, 대립에서 화해로. 이런 전환이 억지스럽지 않고 자연스러웠던 이유는 무엇일까?

문득 고등학교시절 배웠던 풍류도가 떠올랐다. 유교나 불교가 들어오기 전부터 한국인의 마음 깊은 곳에 자리했던 정신이다. 풍류는 말 그대로 '바람과 흐름'이다. 한쪽 극단에 머물지 않고 그 사이를 자유롭게 오가는 것. 이것이야말로 케데헌이 보여준 힘의 근원이었을 것이다.

오늘의 세계가 필요로 하는 것은 군사력이나 자원 같은 하드파워가 아니라, 공감·소통·연결의 힘이라는 생각이 든다. 부드러움은 약함이 아니다. 오히려 관계를 열고 새로운 질서를 세우는 힘이다. 실제로 경제와 사회의 무게 중심도 점차 금융·콘텐츠·디지털 서비스 같은 '보이지 않는 산업'으로 이동하고 있다. 이는 단지 기술적 변화가 아니라, 섬세함과 유연성을 요구하는 새로운 문명적 전환이라 할 수 있다.

이러한 흐름은 리더십의 영역에서도 드러난다. 오늘날 주목받는 리더십은 강압이나 위계가 아니라 공감과 네트워크, 그리고 섬세한 조율의 능력 위에 서 있다. 부각되고 있는 여성적 리더십은 성별의 문제가 아니라, 섬세함·부드러움·소통의 힘이 시대의 핵심 가치로 떠올랐음을 보여준다.

2008년 처음으로 〈섬세〉라는 책을 냈을 때가 떠오른다. 평론가들로부터는 긍정적인 평가를 받았지만 책의 판매는 좀처럼 일어나지 않았다. 그 때 출판인 모임에서 연락을 한 통 받게 되었다. 자신들의 스터디모임에 한 번 나와줄 수 있느냐는 것이었다. 나는 흔쾌히 나가 출판사 대표님들과 차담을 나누었다. 나의 궁금증을 풀 수 있으리라 생각했기 때문이다. 그 분들은 내게 '섬세함'이 아직은 세상에, 특히 한국사회에 받아들여지기는 어려운 때라고 조심스럽게 의견을 건네주셨다. 그로부터 17년이 흘렀다. 그 사이 세상이 많이 변화했음을 느끼게 된다.

케데헌 역시 이 같은 흐름을 선명하게 보여준다. 케데헌에서 여성 주인공이 중심에 서 있는 것은 단순히 성별의 변화가 아니다. 그녀는 강함과 부드러움을 동시에 지니며, 전투와 돌봄, 카리스마와 공감을 함께 발휘한다. 이는 바로 '스위트파워'의 상징적 구현이자, 한류가 세계 무대에서 사랑받는 중요한 이유다.

우리의 의식과 존재 방식이 더 섬세해질 때, 우리는 서로에게 더 깊이 연결되고, 함께 풍성해진다. 스위트파워와 여성적 리더십, 그리고 케데헌이 보여주는 새로운 서사는 우리 시대가 어떤 힘을 필요로 하는지 잘 말해준다. 그것은 바로, 섬세하고 부드럽지만 결코 약하지 않은 힘이다.

✤ 수증기처럼 유연하고 자유롭게

어릴 적 형들과 함께 동네 목욕탕에 가던 때가 떠오른다. 일요일 아침이 되면 목욕용품을 챙겨 들고 형들과 함께 한적한 골목을 지나, 붉은 벽돌로 만든 높은 굴뚝이 세워져 있는 목욕탕을 향했다. 문을 열고 안으로 들어서면 수증기로 가득한 공간이 별 세상처럼 펼쳐졌다. 그곳에서 수영장처럼 넓게 느껴졌던 탕안에서 물장구치던 기억들이 생각난다. 목욕후에 마시던 바나나 우유는 또 얼마나 달콤했던지.

부드러움은 수증기와 닮아 있다. 작은 물방울이지만 경계가 얇아 세상의 공기와 섞이고, 멀리까지 스며든다. 목욕탕 공간을 가득 채우던 그 모습처럼. 케데헌이 보여주는 가장 큰 힘도 이러한 수증기의 부드러움과 닮아 있지 않을까… 경계를 넘어 멀리까지 펼쳐지는 힘.

경계 없음은 영화 전반에 은은하게 흐른다. 한국의 도깨비, 무당, 저승사자가 현대적 애니메이션 속에서 위화감 없이 등장하고, 한국어와 영어 가사가 한 곡 안에서 물결처럼 이어진다. 루미 역의 아든 조가 연기를, 이재가 노래를 맡으며 한 캐릭터 안에서도 목소리와 노래가 나뉘지만, 경계가 바람처럼 부드럽게 흐른다.

영화는 지극히 개인적인 정체성의 이야기에서 출발한다. 한국계 캐나다인 감독 매기 강은 다섯 살 때 한국에서 캐나다로 이주한 자신의 경험을 작품 속에 녹여냈다. 루미의 노래 역할을 맡은 이재 역시 마찬가지로 어릴 적 미국으로 이주하여 미국과 한국을 오가며 생활한 경험이 있다. 주인공 루미는 퇴마사이면서 동시에 악령의 정체성을 지닌 인물이다. 그녀는 빛과 어둠, 인간과 초월의 경계에 서 있는 존재다. 감독의 삶이 캐릭터 안으로 물처럼 스며들고, 캐릭터의 아픔이 다시 감독의 시선 속으로 흘러드는 아름다운 순환이 이루어진다.

나 자신의 정체성에 대해서 생각해 보게 된다. 나는 한국과 일본에서 생활을 했고, 미국과 뉴질랜드에서 오랜 기간 머물러 보았다. 하지만 외국생활은 모두 성인이 된 이후의 일이라 내게 정체성은 큰 문제는 아니었을 것이라 생각이 들었다. 하지만 문득 어린 시절의 기억이 떠올랐다. 나는 서울의 외곽지역에서 태어났다. 당시는 서울의 재개발이 시작되기 전이어서 그곳은 무척 낙후된 곳이었다. 신문에서 범인이 잡혔다는 소식이 실리면 그 중 많은 사람들의 주소가 그곳일 때였다.

그 후 초등학교 고학년이 되면서 아버지가 사업을 넓히시면서 강남으로 이사를 하게 되었다. 그 때의 문화충격이란… 점심시간이 되자 아이들이 모두 어디론가 향했다. 그리고 잠시 후 다시 제자리로 돌아왔다. 나는 어리둥절했다. 물어보니 도시락을 먹기 전 손을 씻고 온다는 것이었다! 그리고 당시에 우리집은 방바닥에 요를 깔고 잤는데 대부분의 아이들이 자기방에 침대에서 잠을 잔다고 했다. 그 후로 초중고를 그곳에서 나왔지만 나는 여전히 그 세계에 온전하게 속한다는 느낌을 가질 수 없었다. 그 기억을 통해 나는 매기 강 감독의 경험, 루미의 감정을 유추해 볼 수 있었다. 어느 한곳에 온전히 속하지 않은 느낌. 그것은 힘든 경험이었지만 경계를 넘어 다른 사람의 감정과 상황을 이해하는 데 큰 힘이 되었을 것이다.

✤ 증오에서 이해로: 골든의 선택

이 작품 속에는 부드러움의 힘이 스며 있다. 처음 헌트릭스는 '테이크다운'이라는 곡에서 악령들과 진우를 향한 격렬한 분노와 거부감을 쏟아낸다. 그러나 시간이 흐르면서 그들은 다른 진실과 마주한다. 진우가 조용히 내뱉는 한마디, "넌 내가 단지 악마라고 생각하지… 하지만 내가 짊어진 상처를 보긴 했어?"

그 말은 루미의 마음을 흔들고, 혐오의 장벽을 무너뜨린다. 점차 그녀는 깨닫는다. 증오만으로는 진정한 힘이 생길 수 없다는 것을. 그리하여 최종 무대에서 루미는 '테이크다운' 대신 '골든'을 부르기로 선택한다. 증오가 아닌 이해가 진정한 힘임을 보여준 것이다. 진우의 마음에 균열을 내기 시작한 것도 어린아이가 전해준 그림 한 장이었다. 직접 그린 그림에는 '당신은 아름다운 영혼이에요' 라고 적혀 있었다.

문화는 소프트파워의 가장 은은한 형태다. 그것은 군사력처럼 강압하지 않으면서도, 경제력처럼 거래하지 않으면서도, 사람들의 마음을 움직인다. 백범 김구 선생이 《백범일지》에서 염원했던 "높은 문화의 힘"은 바로 이런 의미일 것이다. 그것은 남을 지배하거나 정복하는 힘이 아니라, 서로를 행복하고 풍요롭게 하는 힘, 경계를 넘어 흐르는 수증기 같은 힘, 곧 부드러움의 힘이다.

부드러운 것은 쉽게 나누어져 공유된다. 케이팝과 한국 문화가 세계로 확산된 것은 강요나 경쟁이 아니라, 자발적 공유와 모방을 통해서였다. 나눌수록 줄지 않고 오히려 커지는 힘, 그것이 하드파워와 다른 소프트파워의 특징이다.

하지만 부드러움만으로는 K-문화의 매력을 설명하는데 충분치 않다는 느낌을 지울 수 없었다. 진정한 매력은 서로 다른 요소들이 충돌하지 않고 조화를 이루는 데 있지 않을까? 만약 그렇다면 부드러움이 열어 놓은 자리에서 서로 다른 결들이 만나고, 그 차이들이 충돌이 아닌 조화로 빚어질 것이다. 이제 나의 탐구는 그 조화의 비밀, 곧 차이들을 어떻게 하나의 아름다운 결로 직조하는가로 향했다.

4장 차이들이 빚어내는 아름다움

❖ 다양한 결들의 융합

숨결, 살결, 물결, 바람결, 나뭇결처럼, 삶은 누구에게나 고유한 결을 품고 있다. 각자가 지닌 결을 잃지 않으면서 그것들을 어우러지게 할 때, 비로소 새로운 흐름이 생겨나고 아름다움이 태어난다.

케데헌은 이 조화의 미학을 선명히 보여준다. 시각적 스타일은 스파이더맨 시리즈의 역동적인 색감을 한국적 요소와 결합해, 낯설면서도 친근한 아름다움을 창조한다. 헌트릭스의 전투 장면 또한 무언가 다르다.

어릴 적 나는 격투기에 열광했다. 로베르토 듀란과 마빈 헤이글러의 열렬한 팬이었던 내가 이제는 전투장면을 가급적 보지 않으려 한다. 명상에서는 자주 접한 이미지나 생각이 무의식에 스며들어 우리 삶의 경향성에 힘을 발휘한다고 본다. 그리고 그것이 진실임을 경험을 통해 깨달을 수 있었기 때문이었다.

그러나 헌트릭스의 전투장면은 잔인하거나 거칠게 느껴지지 않았다. 어디서 이런 차이들이 비롯되는걸까? 궁금해졌다. 그래서 다시 한 번 영화를 보면서 살펴보았다. 전투장면은 단순한 싸움이 아니었다. 그것은 칼춤 같은 우아한 안무로 표현되어, 액션과 미학이 하나의 춤으로 어우러지고 있었다. 전투가 더 이상 파괴가 아니라 예술로 승화된 느낌이었다.

사자보이즈가 부르는 노래 〈유어 아이돌〉 역시 마찬가지다. 도입부는 라틴어 합창으로 시작되어 전자음을 입고 어둠의 신이 강림하는 분위기를 자아낸다. 그러나 무대 위의 그들은 한국 전설 속 저승사자의 모습이다. 갓과 검은 도포 차림으로 춤을 추며, 갓끈을 넘기는 손짓까지도 매혹적인 장면이 된다. 노래 속에는 힙합과 다양한 장르가 녹아있고, 목소리는 두성과 흉성을 오가며 새로운 차원의 울림을 만든다.

성우들의 목소리 또한 각자의 결을 뚜렷이 드러내면서 하나의 직물을 완성한다. 김윤진의 감정 깊이, 안효섭의 강렬한 존재감, 이병헌의 차갑고 묵직한 울림은 서로 다르면서도 조화롭게 얽힌다. 삶이 고유한 결들의 차이 속에서 아름다워지듯, 영화의 목소리들도 차이를 잃지 않으면서 하나의 화음을 빚어낸다.

서사 또한 그러하다. K-드라마의 섬세한 갈등과 K-팝의 음악적 정서가 유기적으로 엮이며, 동양과 서양, 전통과 현대, 개인적 고백과 집단적 이야기가 한 무대에서 어우러진다. 루미가 데몬과 인간의 이중성을 극복하는 과정은 서로 다른 문화와 감정이 하나로 융합되는 상징이다.

부드러움이 경계를 무너뜨린 뒤에는, 서로 다른 결들이 직물처럼 짜여 드러나는 순간이 온다. 다름이 어우러지는 모습은 우리 삶의 은유가 된다. 각자가 지닌 고유한 결을 잃지 않으면서도 타자와 조화를 이루는 것, 이것이야말로 진정한 성숙이 아닐까.

✤ K-문화의 혼종성

K-문화의 혼종성은 단순한 모방이나 차용이 아니다. 서로 다른 세계들을 만나게 하고, 그 차이를 살리면서 새로운 울림을 만들어내는 능력이다. 전통을 박제하지 않고 현재와 자연스럽게 섞어내는 힘은 헌트릭스가 손에 든 무기에서 선명하게 드러난다. 조선시대 검술과 무속의 신칼이라는 고대의 원형이 미래적 디자인과 만나 '광선검'이라는 전혀 새로운 무기로 탄생한 것이다.

문소영 작가는 《혼종의 나라》에서 한국문화의 비밀을 이렇게 짚어낸다. 전통과 현대, 낯선 것과 익숙한 것이 유머러스하고 기묘하게 섞여 있는 혼종성, 바로 그것이 한국문화가 세계로 뻗어나가는 힘이라는 것이다.

이 현상을 가장 쉽게 확인할 수 있는 곳은 우리의 일상이다. 가령 결혼식을 떠올려 보자. 신부는 서구식 예식장에서 화려한 화이트 드레스를 입고, 양가 어머니는 단아한 한복을 차려 입으며, 아버지들은 깔끔한 양복을 입는다. 유럽의 성당을 본뜬 예식장 안에 동서양과 전통과 현대가 자연스럽게 한데 모여 있는 풍경. 우리는 너무도 익숙해 별다른 생각 없이 지나치지만, 외국인의 눈에는 기묘하고 놀랍게 비칠 수 있다.

케데헌은 또 다른 경계도 허물었다. 애니메이션과 음악, 영화와 아이돌 문화 사이의 벽이다. 덕분에 케이팝에 거리감을 느꼈던 이들도 자연스럽게 한국 문화권 안으로 들어올 수 있었다. 낯설다고 여겨졌던 것들이 어느새 흥미롭고 세련된 것으로 인식이 바뀐 것이다.

오랜 세월 다양한 외래 문화와 만나면서도 굽히지 않고 자신만의 색깔을 유지해온 한국 문화. 그 유연함이 지금 전 세계를 매혹시키고 있다. 하나를 버려야 다른 하나를 취할 수 있다는 이분법적 사고를 넘어서, 모든 것을 포용하면서도 자기다움을 잃지 않는 조화의 미학. 바로 그것이 케데헌이 세계인의 마음을 사로잡을 수 있었던 비밀이 아닐까.

케데헌은 단순히 재미만으로 관객에게 다가가지 않는다. 많은 사람들이 영화를 보며 마음의 치유를 얻었다고 한다. 한 인터뷰에서 심리치료사는 이 영화와 영화에 나오는 가사는 완전히 치유적인 것이라고 말했다. 재미와 감동 뿐만 아니라 치유의 힘까지 가질 수 있었던 비결은 무엇이었을까?

❀ 상처가 만든 아름다운 문양

케데헌에서 가장 많이 등장하는 단어가 무엇일까? 그것은 단연 '문양'일 것이다.

루미의 몸에 새겨진 문양은 그녀의 삶과 시간이 남긴 흔적이다. 그녀가 그것을 부정할수록 목소리는 사라지고 힘은 약해진다. 그러나 진우에게 자신의 상처와 흔적을 드러내기 시작할 때, 루미는 오히려 힘을 되찾는다. 우리는 흔적을 감출수록 힘을 잃는다. 그 흔적이야말로 우리 고유의 결이기 때문이다. 진정한 아름다움의 근원이기 때문이다.

각자의 문양, 각자의 결은 모두 다르다. 상처를 통과하며 생겨난 흔적이기에 더욱 아름답다. 박남준 시인은 『산방일기』에서 이렇게 말한다.

"칼을 들고 목각을 해보고서야 알았다. 나무가 몸 안에 서로 다른 결을 가지고 있다는 것. 이쪽저쪽 밀고 당기고 뒤틀려가며 엇갈려서 오랜 나날 비틀려야만 비로소 곱고 단단한 무늬가 만들어진다는 것."

나무의 결처럼, 루미의 문양도 고통을 통과하며 만들어진 아름다움이다. 그리고 이는 작품을 만든 창작자들의 삶과 겹쳐진다. 실제로 '골든'을 포함해 주요 곡을 작사·작곡하고 직접 노래한 이재는 한국계 미국인이다. 그녀는 자신의 정체성을 숨기지 않고 오히려 그것을 음악의 힘으로 승화시켰다.

그녀가 작곡한 '헌트릭스 만트라'에는 판소리적 호흡과 울림이 깊게 녹아 있다. 판소리는 한 명의 소리꾼이 북 반주에 맞춰 내면의 모든 감정을 쏟아내는 전통 음악이다. 서구의 팝이 리듬을 통해 고양감을 주는 음악이라면, 판소리는 영혼 깊은 곳의 흔들림과 상처까지 드러내는 음악이다. 이재는 그 전통을 현대의 팝과 결합시켜 자신만의 목소리를 만들어냈다.

데뷔 좌절과 상실의 시간을 지나 그녀를 다시 일으켜 세운 것 역시 음악이었다. 심리학과 음악치유를 공부하며 만들어낸 메시지가 '골든'에 담겨 있다. 비록 상처투성이일지라도 빛날 수 있다는 선언. 이것은 곧 자기 수용의 치유학이다.

'골든'의 또다른 가사는 그녀의 솔직한 고백이기도 하다. "나는 두 삶을 살았어요. 양쪽에 속하려고 노력하면서요. 그러나 어디에도 나의 자리는 없었죠"

헌트릭스는 인터뷰에서 "이 노래는 저희들의 이야기예요"라고 말한다. 우리 모두는 삶 속에서 각자의 문양을 새겨 왔다. 그 문양은 때로는 아프고 부끄럽지만, 그것을 받아들일 때 오히려 더 큰 아름다움으로 빛난다. 영어에서 'path[길]'와 'pathology[병리학]'가 같은 어원에서 나왔다는 것은 의미심장하다. 걸어온 길을 외면하면 병이 되지만, 그 길을 수용하면 그것은 생명력이 된다.

영화 초반부, 진우가 루미에게 '네 문양도 마찬가지야. 너를 가두는 족쇄이지'라고 말하는 장면. 이 말은 우리가 자신의 상처를 부정할 때 그것이 족쇄가 된다는 진실을 보여준다. 그러나 영화의 후반부에서 루미는 마침내 자신의 상처를 수용한다. 그 메시지는 곡 'What It Sounds Like'에 고스란히 담겨 있다.

"이제는 깨진 유리조각 안에서도 아름다움을 봐. 상처는 내 일부야"

이 영화가 중년의 마음을 이토록 깊이 흔들었던 이유를 생각해보았다. 어쩌면 우리 모두는 각자의 방식으로 자신의 결핍과 상처를 감추며 살아왔기 때문일 것이다. 유튜브에서는 한 여성이 운전을 하다가 〈골든〉을 따라 부르며 눈물을 흘리는 영상이 화제가 되었다. 그녀는 집안에서 유일하게 학교를 다 마치지 못한 자신을 오랫동안 부끄러워했는데 이 노래를 들으며 위안을 얻었다고 했다.

나 역시 과거의 내 상처와 부족함 때문에 괴로웠던 적이 있었다. 어릴 적부터 소음과 빛, 많은 사람들이 있는 곳을 힘들어 했다. 그러한 체질이 더 높게 멀리 날아가고 싶은 나의 꿈을 발목 잡았다. 이 때문에 외교관의 꿈도 포기하게 되고, 세계최고의 컨설팅 회사도 그만 두게 되었다. 한동안 이런 나를 받아들이기 힘들었다. 그러나 시간이 지나면서 조금씩 변화가 일어났다. 그 덕분에 철학과 명상을 공부하게 되었고 글을 쓰며 나 자신을 치유할 수 있었다. 케데헌이 내게 특별했던 이유는 영화가 내 삶과 공명했기 때문이 아닐까 싶다. 다른 많은 이에게도 아마 그랬을 것이다.

✤ 건축학 개론

상처를 품은 채 새로운 아름다움을 만들어내는 이야기는 케데헌 만의 것이 아니다. 우리 영화사에서도 비슷한 철학을 담은 작품을 찾을 수 있다. 2012년에 개봉한 영화 〈건축학개론〉이다. 가장 아름다운 장면은 허물어져 가던 바닷가의 낡은 집이 세련된 2층 건물로 다시 태어나는 과정이다.

처음에는 옛 연인이자 건축가인 승민이 주인공 서연에게 집을 완전히 허물고 새로 짓고자 말한다. 서연은 추억이 사라지는 것이 못내 아쉬워 기존 건물을 살리는 방향을 고집한다. 결국 두 사람은 낡은 집의 흔적을 남긴 채 그 위에 새로운 집을 지어 올린다.

새롭게 완성된 집은 모던하면서도 따뜻하다. 담벼락에는 서연이 어린 시절 키를 재던 흔적이 그대로 남아 있고, 수돗가 시멘트 바닥에는 아버지가 남긴 흔적과 어린 서연의 작은 발자국이 고스란히 새겨져 있다. 과거의 기록과 상처를 지우지 않고, 그것 위에 새로운 공간이 세워진 것이다.

건축학개론의 바닷가 집처럼, 그리고 케데헌의 루미처럼, 진정한 변화는 과거를 완전히 지우는 것이 아니라 상처와 추억을 품은 채 새로운 결을 짜내는 데서 온다. 산산조각 난 상처 속에서도 새로운 아름다움을 발견하는 것, 그것이 곧 진정한 자기 수용이자 치유의 길이다. 부끄럽고 숨기고 싶었던 문양은 결국 우리를 빛나게 하는 결로 드러난다.

케데헌이란 영화가 갖는 특별한 점들을 탐색해 보았다. 그 과정에서 작은 것에도 마음을 다한 정성, 보이지 않는 곳까지 따스한 주의를 기울이는 태도, 다양한 결들을 아름답게 엮어내는 부드러움과 조화, 그리고 치유의 깊이까지 다양한 층위의 매력을 발견할 수 있었다.

그런데 이와 함께 한 가지 질문이 꼬리를 물어 일어났다. 과연 이것이 케데헌 한 작품에만 국한된 것일까? 아니면 더 큰 문화현상과 연결된 것은 아닐까? 더 나아가 시대적 흐름과 맞닿아 있는 것일까? 케데헌의 성공이 단순한 우연이 아니라면, 그것은 세상이 움직여가는 어떤 거대한 변화의 징표일 수도 있겠다는 생각이 들었다.

 그래서 다시 한 걸음 더 들어가 보기로 했다. 케데헌 현상이 K-문화 전반, 그리고 더 나아가 오늘날 세계가 경험하고 있는 큰 변화와 어떻게 연결되어 있는가? 그 변화의 소용돌이 중심으로 다가가 보자.

제2부

작아지며 동시에 연결되는 세상,
그 결을 탄 K-문화

2부

| 작아지며 동시에 연결되는 세상,
그 결을 탄 K-문화 |

    케데헌의 성공은 섬세함의 층위들이 어떻게 세계적 문화로 확장될 수 있는지를 보여주는 이야기다. 작은 것이 정교함으로 승화된다. 연결됨이 유기적 생명력을 갖는다. 부드러움이 경계를 넘어서는 힘이 된다. 다양한 결들이 만나 아름다운 조화를 이룬다. 이 과정을 통해 한 작품은 국경과 언어, 문화의 장벽을 넘어 세계 곳곳의 마음에 닿는다.

    그런데 이것은 케데헌만의 이야기일까? 다른 K-문화 작품들을 떠올려보니 비슷한 결이 느껴졌다. BTS의 무대, 봉준호의 영화, 심지어 우리가 일상에서 즐기는 한식에서도. 혹시 이 네 가닥의 실이 K-문화 전체를 엮어내는 날줄과 씨줄은 아닐까? 더 깊이 들어가보자.

    '섬세纖細'의 '섬纖'은 가는 실을 뜻한다. 고대 동양수학에서는 10의 마이너스 7승이라는 아주 작은 숫자를 나타내는 단위였다. 동시에 가는 실로 날줄과 씨줄을 엮어 만든 고운 비단을 뜻하기도 한다. 작지만 서로 연결되며 무한히 확장되는 결의 세계. 이것이 섬세함의 본질이다. 실은 저마다 다른 빛깔과 질감을 지닌다. 그러나 그것들이 하나의 직물로 엮일 때, 개별적으로는 얻을 수 없는 깊이와 풍요로움이 드러난다.

마이크로가 작은 돌부리에 불과하다면, 섬세함은 돌부리에 맞닿아 있는 거대한 바위산 전체다. 케데헌이라는 작은 작품이 전 세계적 현상이 될 수 있었던 것은, 그것이 단순한 애니메이션을 넘어 K-문화가 지닌 섬세함의 총체와 연결된 결정체였을지도 모른다.

세상은 역설적이다. 점차 작아지지만 서로 더 긴밀하게 연결된다. 경계는 사라지지만 각자의 고유함은 더 중요해진다. 우리는 저마다의 무늬가 아름다운 조화를 이루는 세상을 향해 걸어가고 있다. 조금씩, 느리지만 확실하게. K-문화가 세계에서 주목을 받을 수 있었던 것은 이러한 세계적 흐름에 동참했기 때문일 수도 있다. 이제 세상이 움직여 가는 거대한 흐름을 살펴보자. 그리고 K-문화가 그 흐름을 어떻게 탔는지도.

5장 작음의 정교함

♣ 작음의 아름다움

고조선 시대에 만들어진 청동거울, 다뉴세문경. '잔무늬거울'이라 불리는 이 거울에는 0.3mm 간격으로 1만 3천 개의 가는 선이 규칙적으로 새겨져 있다. 과학자 이종호 박사는 "확대경과 정밀한 제도 기구를 갖춘 현대의 주조기술로도 만들기 어렵다"고 말한다. 작은 것 하나에도 마음을 다했던 그 섬세한 손길이, 오늘 우리가 만든 문화 속에도 여전히 흐르고 있는 것은 아닐까.

섬세한 필치, 섬세한 묘사, 섬세한 조각. 작은 것에 애정을 갖는다. 그리고 포기하지 않고 끝까지 다듬어 낸다. 그 속에서 우리는 평범하지 않은 아름다움을 느낀다. 김훈의 소설 《칼의 노래》는 '버려진 섬마다 꽃이 피었다'는 문장으로 시작한다. 작가는 이 문장을 놓고 수없이 고민했다고 한다. '꽃은 피었다'와 '꽃이 피었다' 사이에서, 그 조그만 차이를 놓고 고치고 또 고쳤다.

이러한 작은 차이의 힘은 무엇일까? 오늘날 K-팝과 한국 문화 속에서도 답을 찾을 수 있다. K-팝 무대는 화려함 그 자체이지만, 그 화려함을 받쳐주는 것은 눈에 잘 띄지 않는 미세한 디테일이다.

♣ 정교함 속에 숨은 철학

케데헌에서 발견했던 그 섬세함이 다른 K-문화 작품들에도 있을까? 하나씩 들여다보기 시작했다.

방탄소년단의 'Black Swan' 무대를 보았다. 손끝의 미묘한 떨림, 시선이 흐르는 방향, 몸짓이 만드는 호흡. 모든 것이 치밀하게 설계되어 있었다. 지민의 손끝은 현대무용과 힙합을 결합했고, RM의 눈빛은 관객과 감정의 다리를 놓았다. 정국의 몸짓은 팀 전체의 호흡을 드러냈다. 카메라와 조명은 이 작은 움직임들을 살려내며 무대 전체를 하나의 생명처럼 완성했다.

아이브의 'LOVE DIVE'에서도 비슷한 것을 느꼈다. 곡의 클라이맥스에서 "Love dive" 후에 짧은 공백이 있다. 침묵. 단 1초도 안 되는 그 공백이 긴장감을 극대화하며 청자에게 여운을 준다. 믹싱 단계에서 의도된 이 '침묵의 타이밍'은 곡 전체를 다르게 만들었다. 짧은 공백조차 감정을 설계하는 도구가 되었다.

K-드라마는 어떨까? 〈사랑의 불시착〉에서 눈송이를 바라보는 현빈의 시선, 〈이태원 클라쓰〉에서 박서준의 짧은 멈춤. 배우와 연출, 촬영과 편집의 협업으로 만들어진 그 짧은 순간들이 장면 전체를 압도했다.

문학에서도 마찬가지였다. 한강의 소설, 《희랍어 시간》에서는 쉼표 하나, 문장 리듬 하나까지 주인공의 감정을 세심하게 드러냈다. 영어 번역가 데보라 스미스는 이렇게 말했다. "한강은 거의 극한의 정도까지 언어를 다룬다. 목덜미를 타고 흘러내리는 땀방울, 가장 부드러운 천조차 피부를 스치는 거친 느낌으로 느껴질 정도로 묘사한다."

이렇게 하나씩 들여다보니 하나의 패턴이 보이기 시작했다. 조그만 것 하나도 그냥 지나치지 않는 태도. 0.1초의 숨소리, 한 단어의 배치, 한 순간의 시선을 끝까지 다듬어내는 성실함.

이러한 정교함은 어디서 오는 것일까? 백범 김구 선생의 말씀이 떠올랐다. "사랑하는 이를 가진 사람은 부지런할 수밖에 없다. 한없이 주기 위함이다." 정교함의 근원에는 사랑이 있다. 대상에 대한 애정, 관객에 대한 존중, 그리고 자신의 일에 대한 헌신. 이들이 빚은 정교함으로 빛을 발하게 되는 게 아닐까.

❖ 작은 변화를 읽어내다

K-문화의 성공을 지켜보며 궁금했던 것이 있다. 어떻게 이렇게 빠르게 세계 시장에 안착할 수 있었을까?

코로나19 팬데믹 시기에 주목할 만한 현상이 있었다. 전 세계 사람들이 위로와 치유를 갈망하던 그 시기에, K-드라마와 K-팝이 유독 많은 사랑을 받았다. BTS의 음악에 담긴 희망의 메시지, K-드라마의 따뜻한 인간애, K-뷰티의 자기 돌봄 철학이 팬데믹 시대를 살아가는 사람들에게 위로가 되었다.

흥미로운 분석도 있다. 《기생충》과 《오징어 게임》이 세계적으로 주목받은 것이 자본주의와 불평등에 대한 세계적 분노와 맞물렸다는 것이다. 한국의 구체적 현실을 그렸지만, 그 속에서 보편적 인간의 아픔을 발견할 수 있었다는 평가다.

MZ세대의 가치관 변화도 눈여겨볼 만하다. 단순한 재미를 넘어 의미와 가치를 추구하는 새로운 세대. BTS가 유니세프와 협력해 '러브 마이셀프' 캠페인을 진행하고, 블랙핑크가 기후변화 대응 캠페인에 참여한 것이 우연만은 아니었을 것이다. 〈이상한 변호사 우영우〉가 장애에 대한 사회적 인식과 환경 문제를 다루면서도 설교조가 되지 않고 재미있게 풀어낸 것도 마찬가지다.

그런데 더 근본적인 변화가 있었다. 문화를 소비하는 방식 자체가 바뀐 것이다. 과거에는 방송국, 대형 기획사, 출판사 같은 공급자가 문화를 만들어 흘려보냈다. 그러나 지금은 관객과 팬들이 단순한 소비자가 아니다. 그들은 직접 문화의 흐름을 만들고 증폭시킨다.

K-팝 팬덤을 보면 이것이 명확해진다. 번역, 커버 영상, 리액션 영상, 해시태그 운동. 콘텐츠는 더 이상 완성된 상품으로 '전달'되지 않는다. 팬들의 참여와 재해석 속에서 '살아 움직이며 확장'된다. 문화의 무게중심이 수요자에게로 이동한 것이다.

이 변화는 무엇을 의미할까? 수직적 질서에서 수평적 네트워크로의 전환이다. 공급자가 위에서 아래로 흘려보내던 구조가 아니라, 누구나 연결되어 서로 영향을 주고받는 거대한 그물망이 된 것이다. 이것은 문화의 생산과 소비 방식을 근본적으로 바꾸어 놓았다.

K-문화는 바로 이 새로운 변화의 결을 정확히 읽었다. 공급과 수요, 제작자와 소비자, 아티스트와 팬이 위계 없이 얽히는 흐름 속에서, K-팝은 스스로를 살아있는 직물처럼 직조해 나갔다. 그리고 그 직물은 국경을 넘어, 서로 다른 언어와 문화권의 사람들을 함께 묶어내며 새로운 세계적 문화의 장을 만들어냈다.

이러한 잠정적 결론을 내리자 그 다음 질문이 솟았다. 그렇다면 그것이 가능했던 더 큰 문명적 변환이 있지 않았을까? 혹시 있었다면 그것은 무엇이었을까 궁금해졌다.

6장 연결의 직물

♣ 작아지면서 연결되는 세상

작고 사소한 것이 큰 힘을 발휘하는 시대다. 그 원인은 무엇일까?

오늘의 세계는 역설적이다. 지구는 물리적으로 변하지 않았지만, 기술의 발달로 인해 점점 더 작아지고 있다. 그와 동시에 사람과 사람, 사회와 사회는 과거 어느 때보다도 긴밀하게 연결되고 있다.

오랜만에 모교 캠퍼스를 찾았다. 풍경이 완전히 바뀌어 있었다. 과거 잔디밭에 둥글게 둘러앉아 토론하던 대규모 학생 모임은 사라졌다. 게시판을 가득 메우던 동문회, 동창회 포스터도 보이지 않는다. 대신 교내 카페에는 혼자 노트북으로 작업하는 학생들, 둘 셋씩 모여 이야기하는 소그룹들이 눈에 띈다. 조직이 작아졌다.

그런데 동시에 다른 변화도 감지된다. 교내 어디서든 인터넷에 접속할 수 있어 한 자리에서 세계와 연결된다. 다양한 피부색의 유학생들이 늘었고, 게시판에는 해외연수, 글로벌 인턴 프로그램 안내가 가득하다. 작아진 개인과 그룹들이 오히려 더 넓은 세계와 연결되고 있다. 작아지지만 연결되어 무한히 확장되는 역설적 현상. 우리가 발을 딛고 있는 세상의 움직임이 그곳에서 선명하게 느껴지는 순간이었다.

♣ 축소되는 기본단위

자신의 정체성을 이루는 가장 기본적인 단위들이 작아지고 있다. 씨족에서 대가족에서 핵가족으로, 핵가족에서 커플로, 이제는 커플에서는 개인으로.

수치가 이를 증명한다. 최근 통계에 따르면 스웨덴의 1인 가구 비율은 51%, 덴마크는 44%에 달한다. 한국도 아시아 국가 중 가장 높은 수준으로 대도시에서는 1인 가구 비율이 40%에 육박한다. 가정이라는 기본 단위가 작아지는 현상은 이제 전 지구적 흐름이다.

미디어도 마찬가지다. 과거에는 방송국과 신문사만이 미디어를 생산했다. 이제는 누구나 스마트폰으로 촬영하고 편집해서 전 세계로 배포한다. 전 세계 2억 명의 콘텐츠 크리에이터가 활동하고 있다. 개인 단위지만 그들의 파급력은 과거 언론사 못지않다. 거대한 방송사 대신 한 사람의 손바닥에서 미디어가 탄생한다.

최근 로맨스 영화를 보면 흥미로운 변화가 감지된다. 여주인공들은 더 이상 사랑을 위해 자신을 희생하지 않는다. 드라마에서 이별을 택하는 이유도 달라졌다. '그 사람과 함께하면 나다움을 잃을 것 같아서.' 사랑의 중심이 타자에서 자기 자신으로 이동하고 있다.

사랑의 대상은 시대에 따라 변화해왔다. 중세에는 신에 대한 사랑이 가장 숭고한 것으로 여겨졌다. 동아시아에서는 신 대신 군주가 그 자리를 차지하긴 했지만 군주 역시 거대한 존재였다. 근대로 들어서며 낭만적 사랑, 가족에 대한 사랑이 중요해졌다. 그리고 지금, 자기 자신에 대한 사랑이 그 어느 때보다 강조되고 있다. 사랑의 대상도 점차 작아지고 있는 것이다.

♣ 작음에서 연결로

작아진 개인들은 다시 세상과 깊게 연결되고 있다. 2024년 현재 전 세계 인터넷 사용자는 53억 명, 소셜미디어 사용자는 50억 명을 넘어섰다. 스마트폰 보급률은 85%에 이른다. 한 개인이 만든 작은 콘텐츠가 몇 시간 만에 전 세계로 확산될 수 있는 환경이 마련된 것이다.

K-문화의 확산도 이 맥락에서 이해할 수 있다. 방탄소년단의 무대나 블랙핑크의 뮤직비디오를 세계로 퍼뜨린 것은 거대한 방송사가 아니라 각국의 팬들이었다. 유튜브 커버 영상, 트위터 밈, 자발적 번역. 작은 손안의 기기에서 시작된 개인의 참여가 파도처럼 이어지며 국경을 넘어선 문화의 물결을 일으켰다. K-문화는 단순히 콘텐츠의 힘만으로 세계에 뿌리내린 것이 아니라, 개인과 개인이 서로 연결되어 확장되는 새로운 세계적 구조 속에서 꽃을 피운 것이다.

그런데 이 연결의 시대는 역설을 품고 있다. 연결되었지만 동시에 더 고립되기도 한다. 정보는 넘쳐나지만 진실을 찾기는 더 어려워졌다. 누구나 목소리를 낼 수 있지만, 동시에 혐오와 분열도 빠르게 확산된다.

그럼에도 한 가지 분명한 변화가 있다. 많은 사람들이 나 자신을 사랑하는 것이 곧 타인을 사랑하는 것과 연결되어 있다는 것을 깨닫기 시작했다. 《해피어》의 저자 탈 벤 샤하르는 이렇게 말한다. '우리 자신을 돕고 다른 사람들을 돕는 것은 서로 얽히고 설켜 있다. 다른 사람을 더 많이 도울수록 우리는 더 행복해지고, 우리가 행복해질수록 다른 사람을 더 돕고 싶어진다'고.

오르막과 내리막이 교차하는 속에서도 변화의 조짐은 분명하다. 작은 것들이 중요해지고, 맥락과 '결'에서 깊은 감동을 받으며, 각자의 고유한 '결'을 발견하고자 하는 욕구가 커지고 있다. 경계는 희미해지지만 각자의 고유함은 오히려 더 소중해진다.

아직 완벽하지는 않지만, 우리는 서로 다른 결이 모여 아름다운 직물을 이루는 세상을 향해 조금씩 걸어가고 있는지도 모른다.

❖ 미시에서 거대함으로

"한 사람에 하나의 역사, 한 사람에 하나의 별." BTS의 '소우주'가 노래하는 이 구절을 들으며 생각했다. 70억 개의 개별적 존재, 그 하나하나가 모두 하나의 우주라는 깨달음. 개인의 자그마한 이야기에 주목하고 이를 통해 보편으로 향하는 것. 이것이 K-문화가 세계와 소통할 수 있었던 하나의 이유가 아닐까.

BTS의 사례는 흥미롭다. 하이브는 당시 한국 방송가에서 주목받지 못하던 소규모 기획사였다. 생소한 음악을 하던 그들의 진가를 알아본 것은 디지털 플랫폼을 통해 접속한 세계의 팬들이었다. 유튜브 댓글창에는 수십 개 언어로 쓰인 찬사가 쏟아졌고, 소셜미디어에서는 자발적 번역이 번개처럼 퍼져나갔다.

물론 디지털 연결성만으로는 설명이 부족하다. 같은 플랫폼을 쓰는 수많은 아티스트가 있었지만, 모두가 성공한 것은 아니니까. 하지만 분명한 것은, 연결의 시대가 아니었다면 이런 현상은 불가능했을 것이다.

오늘날 디지털 문화는 이 원리를 극적으로 보여준다. 15초짜리 틱톡 영상 하나가 전 세계 천만 명의 시선을 사로잡는다. 몇 줄의 트윗이 기업의 주가를 흔든다. 밈meme이라 불리는 작은 콘텐츠들이 인터넷을 타고 확산되며, 사회 현상을 만들어낸다. 작으면 작을수록 빠르게 연결되고, 연결될수록 더 큰 파급을 낳는 시대다.

많은 사람들이 경험했을 것이다. 작은 화면 속 더 작은 그림들이 마음을 움직인 순간을. 1990년대 일본에서 시작된 '이모지'는 처음에는 단순한 표정 기호였다. 하지만 문자로는 다 담기 어려운 감정을 보완하는 새로운 언어가 되었다.

스마트폰 시대가 오며 이 작은 아이콘들은 전 세계로 퍼져나갔다. 이제는 국가와 언어를 넘어 보편적인 감정의 기호가 되었다. 사과할 때의 조심스러운 마음, 고마움을 전할 때의 따뜻함, 말없이 건네는 위로까지도 작은 이미지 하나에 담긴다. 몇 픽셀로 이루어진 작은 그림이 국경과 언어의 경계를 허문다. 디지털 공간에서 마음과 마음을 잇는 실이 된다.

작은 것은 가볍고 덧없어 보이지만, 오히려 그 가벼움 덕분에 더 멀리, 더 깊이 스며든다.

❖ 실과 옷감으로 바라본 어느 작가 이야기

2024년 10월, 한국 문학사에 새 역사가 쓰였다. 한강이 노벨문학상을 받은 순간, 전 세계가 한국어로 쓰인 소설에 주목했다. 그런데 그녀의 작품을 자세히 들여다보면 흥미로운 공통점을 발견하게 된다. 바로 '실과 옷감'의 이미지가 반복해서 나타난다는 것이다.

2025년에 펴낸 산문집 《빛과 실》부터가 그렇다. 책장을 넘기다 보면, 여덟 살 무렵 작가가 썼다는 동시가 나온다. 그 글에는 사랑을 가슴 속의 맥박으로, 그리고 두 존재를 이어주는 보이지 않는 금빛의 실로 표현하고 있다.

사랑을 실로 본다는 것, 작가에게는 어린 시절부터 이미 그런 감각이 있었던 것 같다. 사랑은 두 존재 사이를 건너는 실이자 그 연결을 통해 미묘하게 전달되는 진동이다. 한 존재가 다른 존재에게 가 닿으려는 시도, 혹은 맞닿았을 때 느껴지는 온도이기도 하다.

《희랍어 시간》을 쓸 때의 일화도 흥미롭다. 한강은 인간 존재의 가장 '연한' 부분을 어떻게 드러낼 수 있을지 스스로에게 물었다고 한다. 그가 찾은 답은 의외로 단순했다. 찰나처럼 스쳐 가지만 동시에 영원처럼 부풀어 오르는 순간들. 사람이 서로의 부드러운 면을 바라볼 때 생겨나는 온기였다.

우리는 때때로 세상의 가장 거친 면 앞에서 힘을 잃는다. 뉴스에서 쏟아지는 폭력, 혐오, 전쟁 소식들. 일상에서 마주하는 질병, 오해, 고립의 순간들. 그러나 한강의 눈에는 그 아래 숨어있는 다른 것들이 보인다. 얇고 투명하지만, 결코 끊어지지 않는 실들이다.

누군가의 눈빛, 말없이 건네는 손길, 마음속에 새겨진 한 문장. 무너지는 와중에도 끝끝내 버티는 시선 같은 것들. 이런 보이지 않는 연결을 통해 우리는 살아낸다.

역사를 돌이켜보면 이런 순간들이 있었다. 권력 앞에 맨손으로 선 사람들이 서로의 손을 잡았던 순간. 무기 대신 연결로 맞섰던 순간. 그 연약해 보이는 연결이 때로는 놀라운 힘을 발휘했다. 빛이 실을 타고 흐르듯, 사람과 사람 사이의 따뜻함이 세상을 바꾸는 순간이다.

한강은 노벨상 수상 소감에서 이렇게 말했다. 언어가 서로를 잇는 실이며, 그 속에서 생명의 빛과 전류가 흐른다고. 그 실에 연결되어 준 모든 이들에게 감사하다고. 《작별하지 않는다》에서도 이런 연결의 미학을 볼 수 있다. 제주 4.3사건이라는 역사적 상처를 다룬 이 소설에서, 작가는 자신을 죽어간 이들의 고통에 열어놓는다. 개인의 아픔이 어떻게 모든 이의 아픔과 연결되는가. 한강의 문장은 그 과정을 섬세하게 따라간다.

《흰》의 책 표지 이야기도 재미있다. 출판사는 화려한 사진 대신 무명천 위에 제목을 수놓은 디자인을 선택했다. 왜였을까? 실이 서로 얽히고 풀리며 만들어내는 질감이야말로, 한강의 문장들이 모여 형성하는 세계와 닮아 있었기 때문이다. 실을 잣는 일과 문장을 쓰는 일. 얼핏 단순해 보이지만, 그 안에는 삶과 죽음의 깊은 성찰이 담겨 있다. 세상을 옷감으로 보는 눈, 사람과 사람을 잇는 보이지 않는 실들을 감지하는 감각. 그리고 그 실들이 만들어내는 따뜻한 연결의 힘.

한강의 작품을 읽으며 발견하게 되는 것이 있다. 세상을 옷감으로 보는 눈, 사람과 사람을 잇는 보이지 않는 실들을 감지하는 감각. 그리고 그 실들이 만들어내는 따뜻한 연결의 힘이다.

케데헌에서 보았던 것처럼, 한강의 문학도 작은 실들이 거대한 옷감을 만드는 과정을 보여준다. 개인의 미세한 감각이 보편적 울림으로 확장되는 것. 서로 다른 결들이 하나의 아름다운 직물을 이루는 것. 어쩌면 이것이 K-문화가 세계와 소통하는 방식인지도 모른다.

🌸 작아질수록 연결되는

언뜻 관련 없어 보이는 두 가지 현상이 있다. '작음'과 '연결됨'. 몇 년 전 명상 수행을 할 때 흥미로운 경험을 했다. 하루 종일 배의 미세한 감각 변화를 관찰하는 것이었다. 처음에는 따분했다. 그런데 하루, 이틀 지나면서 놀라운 일이 일어났다. 아주 미세한 감각까지 알아차리기 시작한 것이다.

더 신기한 일은 그 다음이었다. 작은 것을 알아차릴수록, 나라는 개체가 실은 다른 존재와 깊이 '연결'되어 있다는 느낌이 솟아올랐다. 볼을 스치는 바람, 산 위의 달, 눈앞의 소나무, 연못의 물고기가 더 가깝고 친근하게 여겨졌다. 개인에게 일어난 하나의 작은 체험에 불과하지만 이 경험은 내가 세상을 바라보는 방식을 크게 바꾸어 놓았다. 화엄의 '인드라망' 개념이 떠올랐다. 무한히 펼쳐진 그물이 있고, 그물코마다 보석이 하나씩 걸려 있다. 각 보석은 다른 모든 보석을 비추고, 또 그 안에 비친다. 작은 것과 전체가 서로를 담는 세계.

현대 물리학에서도 흥미로운 발견이 있었다. 아주 작은 입자를 연구하던 물리학자들이 놀라운 사실을 발견했다. 입자들이 독립적으로 존재하는 것이 아니라 서로 영향을 주고받는다는 것. 소립자는 다른 입자들과의 관계 속에서만 의미를 갖는다는 것이다. 물론 이것은 명상에서 느끼는 연결감과는 다른 차원의 이야기지만 동서양의 통찰이 각자의 방식으로 비슷한 것을 가리키고 있는 것처럼 보인다.

❖ 연결될수록 비워진다

또 다른 흥미로운 관찰이 있다. 연결될수록 오히려 비워진다는 것이다.

선 수행자의 방을 떠올려보자. 별다른 꾸밈이 없는 단순한 공간인데도 묘한 울림이 있다. 오늘날 '미니멀리즘'이나 '젠 스타일'로 불리는 그 매력은 어디서 올까?

대학원 시절, 하버드 페어뱅크 연구센터에서 인턴을 하며 하숙집에서 지낸 적이 있다. 주택가라 큰 쇼핑센터에 가려면 차로 수십 분을 가야 했고, 나는 차가 없었기에 주말마다 동료들의 차를 얻어 타고 나갔다. 한 번 나가면 일주일치를 사야 했고, 커다란 냉장고 두 대가 금세 가득 찼다. 문득 이런 생각이 들었다. "만약 식료품점이 바로 옆에 있다면? 작은 냉장고 하나로도 충분하지 않을까?"

필요한 것과 가까이 연결되어 있으면, 많이 쌓아둘 필요가 없다. 접근성이 좋을수록 소유할 필요가 줄어든다. 디지털 세계도 비슷한 패턴을 보여준다. 과거에는 CD를 사 모으고, 하드디스크에 저장해야 했다. 그런데 클라우드와 스트리밍이 모든 걸 바꿨다. 이제는 필요한 순간 접속하면 된다. 저장에서 접속으로, 소유에서 연결로 패러다임이 바뀐 것이다.

명상 수행을 하면서 비슷한 원리를 발견했다. 마음이 고요해지고 맑아질수록, 행복을 위해 외부에서 무언가를 얻어야 한다는 갈망이 줄어들었다. 내면의 평화와 연결될수록, 외부의 것들로 채워야 할 필요가 사라지는 것 같았다. 물론 이것은 개인적 체험이지만, 물리적 세계에서 관찰되는 패턴과 묘하게 닮아 있다.

한국 정원이 그런 지혜를 보여준다. 크지 않지만 자연을 향해 창을 낸다. 그 창을 통해 거대한 자연 전체와 연결되는 것이다. 많이 소유하는 대신 깊이 연결되는 것. 연결될수록 비워지고, 비워질수록 오히려 더 큰 자유가 찾아온다.

작은 것이 아름다운 이유도 여기에 있는지 모른다. 자신을 지나치게 드러내지 않으면서도 다른 존재와 자연스럽게 어우러지기 때문이다. 겸손한 사람의 뒷모습, 수줍게 미소 짓는 이의 표정, 손자들이 뛰어노는 모습을 바라보는 할아버지의 너털웃음.

작은 것을 소중히 여기고, 조화를 깨뜨리지 않으려는 맑은 마음. 작은 차이에서도 큰 의미를 발견하는 감수성. 혹시 이것이 케데헌에서 발견했던 그 섬세함의 근원이 아닐까? 작고 미세한 것에 정성을 다하는 태도, 각자의 결을 존중하며 조화롭게 엮어내는 방식. 연결될수록 비워지고, 비워질수록 더 깊이 연결되는 역설. K-문화가 세계와 소통할 수 있었던 것도 이런 감각과 무관하지 않을 것이다. 하지만 이것이 전부일까? 아직 발견하지 못한 다른 결들도 있지 않을까? 계속 들여다보자.

7장 부드러움의 힘

♣ 찰랑찰랑 말랑말랑

고운 비단이 피부를 스칠 때를 떠올려보자. 그 찰랑찰랑한 부드러움, 아기의 볼을 어루만지는 엄마의 손길, 악기와 하나 되는 음악가의 손동작. 섬세함의 또 다른 얼굴, 부드러움이다. 시인 함민복은 강화도 갯벌에서 이런 경험을 했다. 말랑한 뻘이 발을 감싸며 걸음을 지탱해주는 순간, 부드러움 이야말로 우리를 받쳐주는 대지의 힘임을 깨달았다고 한다.

동양에서는 일찍이 부드러움의 힘에 대해 이야기해왔다. 노자는 말한다. "천하의 지극히 부드러운 것이 지극히 단단한 것을 이겨낸다[天下之至柔, 馳騁於天下之至堅]"고

물은 바위보다 부드럽지만 결국 바위를 뚫는다. 부드러움은 약함이 아니라 다른 종류의 강함이다.

K-팝 무대를 보면 느낄 수 있다. K-팝 무대는 화려한 조명과 치밀하

게 짜인 안무로 전 세계인의 눈을 사로잡는다. 그러나 그 매혹의 근원을 조금 더 깊이 들여다보면, 그것은 단순한 화려함만이 아니다. 오히려 강렬한 순간과 대비되는 부드러움 속에서 진정한 울림이 태어난다.

방탄소년단의 〈봄날〉 무대를 떠올려 보자. 파도처럼 밀려드는 군무의 힘찬 동작들 사이에 손끝이 부드럽게 흘러가고, 잠시 멈추는 정적이 들어간다. 그 순간 관객은 무의식적으로 호흡을 고르게 되며, 부드러운 선율과 어우러진 춤의 흐름에 더욱 깊이 감정 이입하게 된다. 강렬함은 부드러움으로 인해 완성되고, 부드러움은 강렬함을 더욱 빛나게 한다.

보컬 또한 마찬가지다. K-팝 가수들의 노래는 단지 성량과 고음으로만 승부하지 않는다. 오히려 속삭이듯 낮게, 부드럽게 부를 때 청중은 더 큰 감동을 경험한다. 태연[소녀시대]이나 백현[엑소]과 같은 보컬리스트들의 호흡 섞인 음색, 힘을 빼고 자연스럽게 내는 목소리는 부드러움이 얼마나 큰 힘을 가지는지를 잘 보여준다. 마치 노자의 말처럼, 가장 부드러운 것이 가장 단단한 마음의 벽을 허무는 것이다. 귀를 울리는 폭발적 고음보다 조용히 가슴에 스며드는 부드러운 속삭임이 오래 남는다.

이는 무대 밖에서도 드러난다. 팬사인회에서 아티스트가 팬의 눈을 바라보며 건네는 짧은 인사, 라이브 방송에서 전하는 조곤조곤한 목소리, 혹은 공연 후 무대 뒤에서 보여주는 소탈한 미소가 팬들에게는 가장 강렬한 기억으로 남는다. 화려한 무대 장치와 격정적인 퍼포먼스보다, 오히려 그 사이사이에 피어나는 부드러운 순간들이 아티스트와 팬을 이어주는 다리가 된다.

결국 K-팝은 강렬함과 부드러움이 교차하는 지점에서 세계적인 힘을 발휘한다. 부드러움은 긴장을 풀고, 마음을 열고, 서로를 연결하는 힘이다. 부드러움이 마음과 마음을 연결할 때, 때로는 세상을 바꾸는 거대한 움직임으로 확장되기도 한다.

♣ 작은 연대가 만든 거대한 물결

케데헌에서 헌트릭스가 악령들과 맞설 때, 그들의 진짜 무기는 개별적 능력이 아니었다. 루미, 미라, 조이 세 명의 목소리가 하나로 어우러져 만든 '혼문'이야말로 진정한 힘이었다.

이는 현실 세계에서도 일어나고 있는 현상과 닮았다. BTS의 팬덤 아미ARMY가 바로 그 실제 사례다. 이들은 단순한 음악 소비 집단이 아니다. 서로 다른 언어와 문화, 인종적 배경을 지닌 사람들이 국경을 넘어 하나의 거대한 공동체를 만들어냈다. 온라인에서는 실시간으로 소통하고, 오프라인에서는 공연장에서 함께 호흡한다. 음악을 넘어선 연대와 지지를 경험하는 것이다.

아미가 보여주는 가장 놀라운 점은 '다름'을 배제하지 않고 오히려 품어 안는다는 것이다. 헌트릭스가 각자 다른 능력을 가졌지만 힘을 모아 혼문을 만들어낸 것처럼, 세계 곳곳의 팬들이 서로 다른 배경을 가진 채로 하나의 흐름을 형성한다.

이런 현상이 얼마나 특별했던지, 한국에서는 BTS 국제학술대회가 열리기도 했다. 연구자들과 팬들이 모여 '연대의 힘'을 주제로 토론했다. 단순한 팬덤을 넘어선 새로운 공동체의 가능성을 탐구한 것이다.

특히 인상적인 사례가 있다. BTS의 〈Permission to Dance〉에는 국제 수어를 활용한 안무가 포함되었다. "즐겁다, 춤추다, 평화"라는 메시지를 몸짓으로 표현한 것이다. 제이홉은 "긍정의 에너지와 위로, 희망을 전하고 싶어 국제 수어를 선택했다"고 밝혔다. 이는 청각장애인 커뮤니티에 큰 울림을 주었다. 한 청각장애인 팬은 이렇게 말했다. "문화생활에 접근하기 어려웠던 삶이 조금씩 바뀌어 가는 것을 느꼈다."

물론 모든 팬덤이 항상 이상적인 것만은 아니다. 때로는 과도한 열정이 문제를 일으키기도 한다. 하지만 ARMY가 보여준 긍정적 사례들은 팬덤이 어떤 방향으로 나아갈 수 있는지를 보여준다.

✤ 선행으로 이어진 공명

케데헌에서 헌트릭스의 음악이 단순한 공연을 넘어 세상을 구하는 힘이 되었듯, 아미의 실천도 음악을 넘어선다. 전 세계 아미들은 자발적으로 다양한 자선 프로젝트를 진행한다. BTS의 메시지를 구체적 행동으로 옮기는 것이다.

이들의 철학은 명확하다. "BTS의 행동에 감동받아 선행을 실천한다"는 것이 원칙이다. 단순한 팬 활동이 아니라, 일상 속에서 사회를 바꾸려는 집단적 윤리로 자리 잡았다. 한 연구자는 '아미는 집이자 가족처럼 기능한다'고 분석했다. 실제로 아미는 환경, 인권 등 다양한 현안에서 목소리를 내왔다. 그 영향은 지역을 넘어 전 세계로 번져나갔다.

이러한 흐름의 중심에는 BTS의 메시지가 있다. 그들이 백악관을 방문해 전한 말이 기억난다. '옳고 그름이 아닌 다름을 인정하는 것으로부터 평등은 시작된다'는 것. 아미는 이 메시지를 그대로 이어받았다. 음악을 넘어 세상의 불평등과 차별에 맞서는 공동체로 확장된 것이다.

한국의 일곱 청년이 부른 노래가 지구촌 곳곳에서 선한 변화의 씨앗이 되는 모습. 이것이 부드러움의 힘이 아닐까. 강요하지 않고, 명령하지 않으면서도 사람들의 마음을 움직이는 것. 케데헌의 헌트릭스가 노래로 세상을 구했듯, 진정한 연대는 거대한 이념이나 조직에서 태어나지 않는다. 작은 마음들의 부드러운 공명에서 시작된다. 그 공명이 모여 세상을 바꾸는 거대한 물결이 된다. 루미의 노래를 따라 펴져나가던 빛의 파문처럼.

❖ 보편적 감정

케데헌을 보면서 많은 사람들이 공감했던 순간이 있다. 루미가 자신의 정체성을 숨기며 외로워할 때, 진우가 상처받은 마음을 드러낼 때. 그리고 그런 아픔을 위로 받으며 따듯해질 때. 이런 감정들은 한국적이면서 동시에 전 세계 누구나 이해할 수 있는 보편적 정서였다.

한국 문화에서는 이런 감정을 '정情'이라고 부른다. 가족애, 우정, 사랑을 포괄하는 따뜻한 유대감. K-드라마는 이 정서를 섬세하게 포착해 세계 시청자들의 마음을 움직였다.

〈사랑의 불시착〉을 떠올려보자. 남북이라는 거대한 장벽을 배경으로 하지만, 많은 사람들의 가슴을 울린 것은 손을 가만히 잡아주거나, 따뜻한 음식을 챙겨주는 작은 배려의 순간들이었다.

〈이태원 클라쓰〉에서도 마찬가지다. 청춘들의 성공 스토리보다 기억에 남는 것은, 힘든 순간에 친구가 어깨를 내어주고 말없이 곁에 서 있던 장면들이다. 〈미스터 션샤인〉의 화려한 전쟁 장면보다도, 고백하지 못한 채 눈빛으로만 주고받던 사랑이 더 오래 마음에 남았다. 〈우리들의 블루스〉에서는 가족과 이웃이 서로를 위로하며 건네는 포옹과 눈물이 전 세계 시청자들의 눈시울을 적셨다.

결국 K-드라마가 전하는 힘은 갈등과 극적 전개가 아니라, 일상의 작은 행동과 부드러운 감정 속에 있다. 인간관계의 본질을 드러내는 섬세한 순간들 말이다.

문학작품에서는 어떤가? 한강의 작품 또한 '작고 여린 것들'을 통해 거대한 서사를 관통한다. 『소년이 온다』에서는 어린 소년의 비극을 통해 역사의 상처를 그려내고, 『흰』에서는 태어나 두 시간 만에 숨을 거둔 아기의 짧은 생명을 통해 존재의 본질을 탐구한다.

케데헌의 루미도 마찬가지 아닌가. 한 소녀의 개인적 고민이 결국 세상을 구하는 이야기로 확장된다. 웅대한 서사가 아니라 개인의 미시적 경험에서 가장 보편적인 진실을 찾아내는 것. 그리고 그것을 강요하지 않고 부드럽게 전하는 것. 이것이 섬세함과 부드러움이 만들어내는 힘이 아닐까.

한국의 정情에 관해 쓰다보니 예전 미국서부를 여행하다가 만난 한 미국인 가족이 떠오른다. LA근처 지인의 집에서 만나게 된 미국인이었는데 웬만한 한국인보다 한국어가 유창했다. 한국어를 너무 잘해서 한참 얘기하다 보면 내가 외국인과 이야기하고 있다는 걸 잊게 될 정도였다. 19살 때 선교사로 온 후에 한국이 좋아져서 결혼도 한국 여자와 하고 한국 기업에서 오래 일하다가 다시 고국으로 돌아왔다고 한다. 잡지에서 막 튀어나온 것 같이 예쁘게 생긴 두 딸도 한국어가 자연스럽다. 궁금해서 물어보니 집에서도 한국어로 주로 대화를 한다고 한다.

그에게 한국의 어떤 점에 매료되었는지 물어보았다. "한국에 처음 갔을 때 빈민촌에 선교를 하러 갔어요. 그런데 한 할머니가 아주 정성스럽게 밥을 만들어 주시는 거예요. 너무나 가난한 분이었는데 자기가 가진 가장 좋은 걸 내놓으면서 먹으라고 할 때 … 가슴에서 뭔가 뜨거운 것이 느껴졌어요. 아, 이 나라 사람들에게는 뭔가가 있구나. 그런 생각을 했어요."

그 미국인이 19살 때 느꼈던 것이 바로 정이 아니었을까? 어려움 속에서도 잃지 않고 소중히 간직한 다른 사람에 대한 따스한 온기, 그 마음이 한 미국 청년을 또 다른 세계로 이끌었을 것이라 추측해 본다.

🍀 나누어도 줄지 않은 것

딱딱한 돌을 나누면 깨져버린다. 하지만 부드러운 것들은 다르다. 물은 나누어도 본래 성질을 잃지 않는다.

문화도 비슷한 속성을 가진 것처럼 보인다. 물리적 자원은 한정되어 있어 나누면 줄지만, 문화는 공유할수록 오히려 더 풍요로워지는 면이 있다. 이것이 소프트파워의 흥미로운 특징이다.

K-팝과 한국 문화의 확산을 보면 이를 느낄 수 있다. 음악 파일은 전송과 복제가 자유롭고, 유튜브 영상은 순식간에 대륙을 넘는다. 춤 동작이나 패션, 밈 같은 요소들도 부드럽게 흘러가며 자발적으로 공유된다.

방탄소년단의 '댄스 챌린지'나 뉴진스의 '하이프 보이' 안무를 보자. SNS를 통해 전 세계로 확산되며, 팬들은 단순한 소비자가 아니라 함께 문화를 창조하고 확장하는 주체가 된다.

물론 문화의 확산이 항상 긍정적인 것만은 아니다. 때로는 문화 동화나 갈등을 일으키기도 한다. 하지만 K-문화의 경우 부드럽게 스며드는 방식으로 세계인의 삶에 들어왔다. 사람들은 이를 통해 서로 연결되고, 공감하고, 새로운 문화를 함께 만들어 간다.

70여 년 전, 백범 김구 선생이 《백범일지》에서 꿈꾸었던 모습이 바로 이것이었는지도 모른다.

"나는 우리나라가 세계에서 가장 아름다운 나라가 되기를 원한다. 가장 부강한 나라가 되기를 원하는 것은 아니다. 내가 남의 침략에 가슴이 아팠으니, 내 나라가 남을 침략하는 것을 원치 아니한다. …… 오직 한없이 가지고 싶은 것은 높은 문화의 힘이다. 문화의 힘은 우리 자신을 행복되게 하고, 나아가서 남에게 행복을 주기 때문이다."

김구 선생이 말한 '문화의 힘'은 단순히 K-팝이나 K-드라마의 성공만을 의미하지 않았을 것이다. 그분이 꿈꾼 것은 아마도 더 깊은 차원의 가치였을 것이다. 힘으로 상대를 지배하려는 세계가 아니라, 문화로 서로를 이롭게 하는 세계였을 것이다. 한국의 전통 사상 중에는 '홍익인간'이라는 이념이 있다. '인간을 널리 이롭게 한다'는 뜻으로, 한 나라만이 아니라 인류 전체의 이로움을 추구한다는 정신이다.

김구 선생은 더 나아가 이렇게 말했다. "지금 인류에게 부족한 것은 무력도 아니요, 경제력도 아니다. 인류가 현재에 불행한 근본 이유는 인의가 부족하고, 자비가 부족하고, 사랑이 부족한 때문이다."

케데헌에서 헌트릭스가 악령들과 맞설 때도 큰 힘을 발휘한 것은 무력이 아니라 노래, 즉 마음과 마음을 잇는 힘이었다. 이것이 김구 선생이 꿈꾼 문화의 힘과 완전히 같은 것인지는 모르겠다. 하지만 적어도 한 가지는 분명하다. 무력이 아닌 문화로, 침략이 아닌 공유로 세상과 소통하고자 했다는 것, 그리고 그것을 통해 한 나라만이 아닌 인류 모두가 평화롭게 사는 세상을 만들고 싶어했다는 것이다.

8장 결의 아름다움

✤ 다름을 인정하고 포용하는 정신과 멋

케데헌에서 가장 아름다운 장면 중 하나는 헌트릭스 세 멤버가 함께 노래할 때다. 루미의 깊고 안정적인 목소리, 미라의 밝고 경쾌한 톤, 조이의 따뜻하고 부드러운 음색. 각각 완전히 다른 '결'을 가진 목소리들이지만, 함께 어우러질 때 하나의 완벽한 하모니를 만들어낸다.

한국 문화 속에는 다양함을 포용하는 전통이 있었다. 신라시대에 '풍류도'가 그 중 하나다. 풍류도는 단순한 철학이 아니라 삶을 관통하는 태도였다. 신라의 비문에는 "포함삼교包含三教"라는 말이 전해진다. 풍류도가 유교·불교·도교를 아우른다는 뜻이다. 서로 다른 사상들을 끌어안는 포용적 사상이었다.

이러한 풍류도는 화랑도로 이어졌다. 흥미로운 것은 그 시절의 기록이다. 삼국사기는 "잘생긴 남자를 택하여 곱게 꾸며 '화랑花郎'이라 이름 짓고 그들을 받드니, 무리들이 구름처럼 몰려들었다. 도의를 서로 연마하고 노래와 음악을 서로 즐겼다. 산과 물을 찾아 노닐고 즐김에 멀더라도 이르지 않은 곳이 없었다."고 전하고 있다.

1500년 전 기록인데도 묘하게 친숙하다. 전 세계를 다니며 노래하고 춤추는 K-팝 아티스트들의 모습과 겹쳐지기 때문일까?

'풍류風流'는 말 그대로 바람과 흐름이다. 자유롭고 막힘이 없으며, 자연스럽게 이어진다. 특히 어려운 시기에 이런 정신이 빛을 발했다.

호머 헐버트Homer Bezaleel Hulbert(1863~1949). 그는 구한말 미국에서 조선에 들어와 큰 감명을 받았다. 식민지의 어려운 상황 속에서도 한을 노래와 춤으로 풀어내는 사람들의 모습 때문이었다. 풍류도를 집대성한 신라의 최치원 역시 어려운 삶을 살았다. 당대 최고의 천재이자 문장가였지만 신분제라는 한계 때문에 더 이상 높은 곳으로 오르지 못했다.

그러나 그는 그 한을 풍류로 승화시켰다.

이러한 정신은 오늘날에도 이어진다. 코로나로 모두가 힘겨웠던 시절, 외출이 금지되고 경제활동이 위축되며 가수들 역시 예정된 공연을 모두 취소해야 했다. 그때 BTS는 춤과 음악으로 어려움을 풀어내며 세상 사람들에게 위로의 메시지를 전했다.

BTS 음악이 가진 치유의 힘에 관하여 감동적인 이야기가 있다. 한국의 한 원로기자가 우크라이나 전쟁 취재를 위해 르비우를 방문했을 때의 일이다. 공습경보가 울리는 가운데 한 가정을 방문했는데 어떤 모녀가 BTS의 음악을 듣고 있었다. 그 모녀는 BTS의 음악이 큰 위로가 되고 있다고 말했다고 한다. 그들의 음악성만이었을까? 전쟁 중인 모녀에게 위로가 되어준 힘의 근원을 생각해본다. 아마도 오랜 세월 전쟁과 가난 속에서도 고통을 춤과 음악에 녹여내었던 어떤 정신이 그 음악에 스며들어 있었기 때문이 아니었을까.

K-문화의 특징 중 하나는 고통을 감추지 않는다는 것이다. 오히려 아픔을 아름다움으로 승화시킨다. 케데헌의 루미를 보자. 자신이 악령이라는 정체성 때문에 괴로워하지만, 그녀는 그 고통을 춤과 노래로 승화시키고 그 힘으로 새로운 혼문을 세운다.

이는 현실 도피가 아니다. 오히려 현실을 정면으로 마주하면서, 그 속에서 새로운 가능성을 찾아내는 창조적 행위다.

이것이 한국만의 특징은 아니다. 모든 문화에는 고통을 예술로 승화시키는 전통이 있다. 다만 K-문화가 오늘날 세계와 소통하는 방식 속에서, 다양함을 포용하며 삶의 고통을 노래와 춤으로 승화시키는 감성을 발견할 수 있다.

풍류는 단순한 여흥이 아니다. 삶의 무게를 견디는 지혜이자, 절망을 희망으로 바꾸는 힘이다.

❖ 절묘한 융합의 지혜

각자의 고유한 결이 모여 어우러질 때 비로소 아름다움이 나타난다. K-팝의 다양한 그룹들, K-드라마의 여러 장르들도 마찬가지다. 각자 고유성을 드러내면서도 공통된 울림 속에서 조화를 이룬다.

BTS가 세계적으로 사랑받을 수 있었던 것도 흥미로운 융합 덕분이라는 분석이 있다. 힙합과 발라드, 동양적 서정과 서구적 리듬, 사회적 메시지와 개인적 감정이 자연스럽게 공존한다. 차이를 지우는 것이 아니라, 차이를 인정하면서 그 사이의 울림을 만들어내는 것이다.

한국의 선수행을 현대화하고 세계적으로 널리 알리기 위한 활동을 하고 계신 미산스님은 K-팝의 성공 요인을 이질적 요소들의 절묘한 융합에서 찾는다. BTS의 '아리랑'에서는 한국 전통 가락과 탈춤의 움직임이 현대적 안무와 자연스럽게 어우러진다. 그러나 이러한 융합은 자세히 관찰하지 않으면 거의 알아차릴 수 없을 정도로 절제되어 있다. 과하지 않으면서도 깊이 있는 조화이다.

〈어쩌면 해피엔딩〉 역시 이러한 융합의 미학을 잘 보여준다. 21세기 말 한국을 배경으로, 로봇이 주인공인 이 작품이 브로드웨이에서 성공하리라고 예상한 이는 거의 없었다. 그러나 이 뮤지컬은 낯선 SF적 상상력과 한국적 정서를 보편적인 주제인 사랑, 돌봄과 정교하게 엮어내며 관객의 마음을 깊이 움직였다. 신나면서도 슬프고, 유머러스하면서도 감동적인—이 복합적이면서도 상반되는 감정의 결을 자연스럽게 엮어냈다. 평론가들은 이 작품을 두 문화권의 정서가 교차하고 과거와 미래가 함께 호흡하는 무대라고 평가했다. 뮤지컬 부분에서 세계 최고라 불리는 토니상을 수상한 것은 이런 절묘한 융합이 세계적 감동을 이끌어낼 수 있음을 보여준다.

융합이 항상 성공하는 것은 아니다. 자칫 정체성을 잃거나 어느 쪽도 아닌 어정쩡함으로 빠질 위험도 있다. 하지만 K-문화가 보여준 사례들은 서로 다른 요소들이 조화를 이룰 때 새로운 아름다움이 탄생할 수 있음을 보여준다고 할 수 있다.

❖ 아름다운 순환

많은 이들이 궁금해한다. 아시아에서 일본 문화가 먼저 세계적 영향력을 가졌는데, 최근 들어 한국 문화가 이토록 빠르게 확산되었을까?

이것은 우열의 문제라기 보다는 각 문화가 걸어온 서로 다른 길이라 할 수 있다. 일본은 오랜 시간에 걸쳐 자국 문화를 세계에 알렸다. 애니메이션, 만화, 비디오게임, 요리… 각 분야에서 독자적 영역을 구축했다. 그 과정은 깊이 있고 진중했다. 한 분야를 극한까지 밀고 나가는 장

인정신으로.

한국의 접근은 달랐다. 시간이 없었기 때문일지도 모른다. 빠르게 움직여야 했고, 다양한 시도를 동시에 해야 했다. 그 과정에서 전통과 현대, 동양과 서양, 다양한 장르의 경계를 자유롭게 넘나들었다. 때로는 과감하게, 때로는 무모할 정도로.

일본 애니메이션의 깊이와 한국 드라마의 역동성, 일본 요리의 정교함과 한국 음식의 활력, 일본 게임의 완성도와 한국 음악의 실험성. 이것들은 서로 다른 아름다움이다. 다만 한 가지는 분명하다. 디지털 시대는 빠른 융합과 실험을 가능하게 했고, 한국의 접근 방식은 이 환경과 잘 맞아떨어졌다.

아날로그 시절에는 영상·음악·텍스트가 각기 다른 틀에 갇혀 있었다. 영상은 필름에, 음악은 테이프에, 텍스트는 책에… 그러나 디지털은 이 모두를 0과 1의 숫자의 흐름으로 환원한다. 덕분에 영상과 음악, 텍스트와 이미지가 한 화면에서 자연스럽게 얽히며 엮여질 수 있다. 그로 인해 새로운 장르와 서사가 끊임없이 생겨났다. 오늘날 콘텐츠의 힘은 바로 이런 융합을 얼마나 창의적으로 직조하느냐에 달려 있다.

이제 K-콘텐츠는 한국 안에서만 만들어지지 않는다. 디아스포라와 글로벌 창작자들이 한국적 정서와 세계적 경험을 함께 엮으며 새로운 직물을 만들어간다. 매기 강 감독처럼, 문화의 경계에 선 이들이 자신의 혼란과 경험을 창작으로 승화시키는 흐름은 《미나리》, 《파친코》 같은 작품들에서도 확인된다.

한류의 성공은 다양한 결이 만난 결과다. 한국 고유의 정서, 할리우드식 제작 기법, 그리고 디지털 플랫폼이 엮이며 전혀 새로운 흐름이 만들어졌다. 이는 단순한 혼합이 아니라, 서로 다른 고유성을 살리면서도 새로운 가치를 창조한 사건이었다.

전통의 재해석도 중요한 축을 이룬다. 방탄소년단의 'IDOL' 뮤직비디오는 부채춤의 화려한 군무와 사물놀이의 리듬을 현대적 음악과 영상미 속에 녹여내며 전통에 새 생명을 불어넣는다. 전통과 현대가 대립하는 것이 아니라, 서로의 고유성을 지키며 새로운 힘으로 이어지는 모습이다.

여기에 팬들의 자발적 참여가 더해진다. 해외 팬들의 '팬 번역 문화'는 단순한 편의 제공을 넘어 언어의 장벽을 허물고 경험을 공유하려는 열망에서 비롯된다. 유튜브에 확산되는 커버 영상과 리액션 영상도 마찬가지다. 미국의 한 학생이 BTS의 춤을 따라 추고, 브라질 팬이 한국 드라마를 보며 눈물을 흘리는 순간은 서로 다른 문화가 공명하는 장면이 된다. K-문화는 이렇게 수출로 끝나지 않고, 세계 곳곳에서 재직조되어 다시 한국으로 돌아오는 순환의 과정을 거친다.

BBC 인터뷰에서 정혜승 교수는 억압적이었던 시절 한국에서 자라며 미국 영화에 위로받았던 경험을 회상했다. 그러나 세월이 흘러 미국 시골 마을에서 《기생충》을 보며 관객들의 얼굴에서 자신이 느꼈던 동일한 경이로움을 발견했다. "우리가 사랑했던 것이 이렇게 되돌아오니 기쁘다"는 그의 말은 문화의 아름다운 순환을 보여준다. 한때 수용자였던 한국이 이제는 발신자가 되었고, 받은 사랑은 다시 세계 속에서 꽃피고 있다. 그 순환 속에서 문화는 단순한 콘텐츠를 넘어, 인류를 잇는 아름다운 다리가 된다.

♣ 결과 의식의 성장

우리 모두는 각자의 고유한 결을 지니고 있다. 결은 존재가 살아온 역사와 맥락이 응축된 흔적이며, 다른 누구와도 비교할 수 없는 고유한 궤적이다.

어렸을 때를 떠올려보자. 우리는 종종 남보다 나은 무언가로 자신을 증명하려 했다. 성적, 외모, 재능… 비교를 통해 안정감을 얻으려 했다. 그러나 나이가 들고 경험이 쌓이면서 달라지는 것이 있다. 각자가 독특한 결을 지닌 원본이라는 것을 깨닫기 시작한다.

이런 깨달음이 오면, 타인을 평가하기보다 그 사람의 고유한 결을 어떻게 살려낼 수 있을지를 고민하게 된다. 그 사람의 결과 나의 결이 어울려 새로운 흐름을 어떻게 만들어낼 수 있을까로 관심이 옮겨간다. 개인만이 아니다. 나라와 사회, 조직도 마찬가지다. 다양한 결을 품고 서로 존중할 때, 생명의 호수처럼 깊고 활력 있는 공존이 가능하다.

케데헌으로 다시 돌아가보자. 멤버들은 서로를 만나기 전까지는 자신을 흠집 많은 사람으로 여겼다. 미라는 자신의 까탈스러움과 직설적인 성격을, 조이는 자신이 끄적여온 작품들을 쓸모없고 별나다고 여겼다. 그러나 함께하면서 그 결이 오히려 괜찮게 느껴졌다. 아니, 괜찮은 정도가 아니었다. 서로의 결 속에서 각자의 독특함이 전혀 다른 빛으로

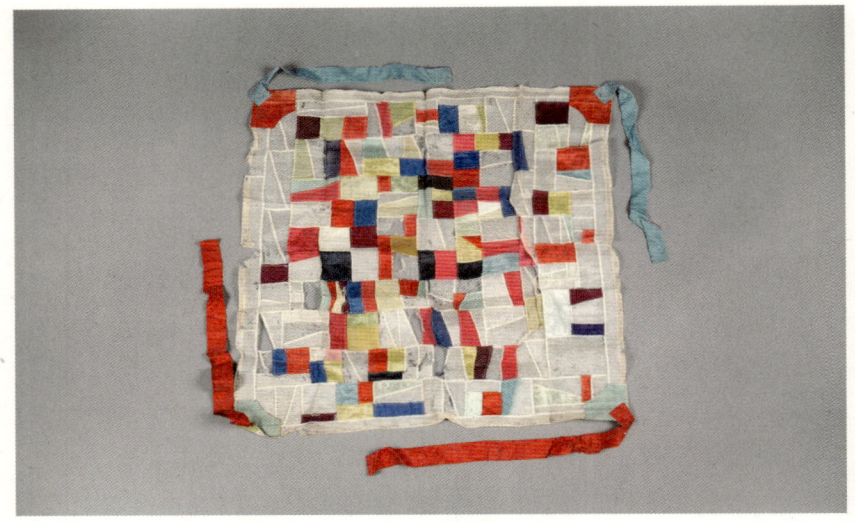

[조각보_국립민속박물관 소장, 58×58cm]

옛 조상들은 옷을 만들고 남은 자투리 천을 모아 다양한 실용적 창작물을 만들었다. 재질과 색, 결이 다른 조각들이 모여 하나의 아름다운 작품이 만들어진다.

드러났다.

따로따로 보면 불완전해 보이던 것들이 함께 어우러지니 완벽한 하모니가 되었다. 우리는 모두 완벽하지 않다. 그러나 불완전한 결들이 만나 묘하게 어울릴 때, 새로운 문양이 탄생한다. 이것이 어쩌면 K-문화가 세계와 소통할 수 있었던 또 하나의 이유인지도 모른다. 서로 다른 결들이 만나 새로운 아름다움을 만들어내는 것. 차이를 지우지 않고, 차이 속에서 조화를 찾는 것. 이것이 우리가 발견한 '결의 아름다움'이다.

♣ 빛—모든 것을 아름다움으로 녹여내는 우주의 선물

삶에는 밝은 빛으로 기억되는 순간들이 있다. 영화 케데헌에서도 황금빛은 중요한 상징이다. '골든'은 헌트릭스가 부르는 핵심 곡으로, 혼문을 황금빛으로 완성하려는 열망을 담는다.

풍류철학자이자 가수인 전범선은 서구와 동양의 빛 이해가 서로 다른 길을 걸어왔다고 말한다. 서구에서는 빛이 어둠을 몰아내야 할 힘으로 여겨졌지만, 동양에서는 빛과 어둠이 둘이 아니라 하나였다. 빛은 어둠을 지우는 것이 아니라 끌어안아 조화를 이루는 힘이었다. 태극기의 태극 문양이 이를 상징한다. 음과 양, 빛과 어둠이 서로 맞서면서도 어우러져 하나의 원을 이룬다.

서구에서도 어둠을 포용하는 빛의 전통이 없었던 것은 아니다. 하지만 주류가 아닌 신비주의로 치부되어 소외되었다는 점이 아쉬울 뿐이다. 이제 그 잃어버렸던 감각을 회복하는 것으로 볼 수도 있다.

케데헌에서도 그와 비슷한 면이 보인다. 처음의 혼문은 빛으로 어둠을 억누르려 했으나, 새롭게 창조된 무지개빛의 혼문은 어둠까지 품어낸다. 무지개빛은 다양한 색이 모여 이루는 빛이다. 그 안에는 어둠의 흔적마저 녹아들어, 더 풍성하고 더 생명력 있는 빛으로 피어난다.

한국 전통 사상, 특히 화엄은 빛을 깨달음과 지혜의 상징으로 보았다. 비로자나불은 '광명불'로 묘사되며, 그의 빛은 중생을 일깨운다.

생태치유 연구자 이민형 박사는 빛이 가진 치유의 힘에 대해 말한다.

"우리는 모두 가슴에 빛을 지니고 있습니다. 그 빛줄기들은 씨줄과 날줄처럼 서로 얽혀 흐릅니다. 케데헌의 응원봉은 바로 그 빛의 상징이지요."

헌트릭스의 노래는 단순한 공연이 아니다. 세상의 균형을 회복하는 의식이다. 결국 모든 존재는 하나의 빛으로 연결되어 있다. 그리고 그 빛은 오늘도 우리 안에서, 우리 사이에서 살아 흐르고 있다.

♣ 2부를 마무리하며

지금까지 우리는 케데헌이라는 작은 애니메이션에서 시작해, K-문화가 세계와 소통하는 방식을 탐구해왔다. 작음의 정교함, 연결의 직물, 부드러움의 힘, 그리고 결의 아름다움. 이 네 가지 층위가 어떻게 엮여 하나의 문화적 현상을 만들어내는지 살펴보았다.

물론 이것이 전부는 아니다. K-문화의 성공에는 우리가 다루지 못한 많은 요인들이 있다. 산업적 전략, 디지털 환경, 글로벌 시장의 변화… 그러나 적어도 한 가지는 분명해 보인다. 섬세함이 중요한 역할을 했다는 것.

작은 것에서 큰 의미를 발견하고, 단절된 것들을 연결하며, 서로 다른 요소들을 조화롭게 융합하는… 이런 감각이 많은 사람들의 마음을 움직였다. 그런데 문득 궁금해진다. 이러한 섬세함은 어디서 왔을까? 갑자기 나타난 것일까, 아니면 더 깊은 뿌리가 있을까?

한국에는 오래된 사상적 전통들이 있다. 화엄, 풍류, 성리학… 이런 전통들이 오늘날의 문화와 어떤 관계가 있을까? 직접적인 영향을 주었을까, 아니면 단지 우연한 유사성일까? 이것은 쉽게 답할 수 없는 질문이다. 역사는 단순하지 않다. 2000년 전의 사상이 오늘날까지 그대로 이어진다고 말하기는 어렵다. 전쟁과 식민지, 근대화와 서구화를 거치며 많은 것이 단절되고 변했다.

하지만 완전히 사라진 것도 아니다. 어떤 식으로든 전통은 흔적을 남긴다. 명시적 영향이 아니더라도, 언어 속에, 일상의 감각 속에, 무의식적 선호 속에.

그래서 3부에서는 조심스럽게, 그러나 진지하게 이 물음을 탐구해 보려 한다. 한국의 전통 사상을 들여다보고, 그것이 오늘날의 문화 감각과 어떤 대화를 나눌 수 있을지 살펴보려 한다.

이제 우리의 탐구는 시간을 거슬러 올라간다. 케데헌에서 시작된 질문이, 한국 사상의 깊은 뿌리로 우리를 이끈다.

제3부

K-문화에 흐르는 한국의 사상

3부

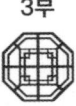

| K-문화에 흐르는 한국의 사상 |

9장 옷감의 사유

서양 철학이 존재를 건축물이나 입자의 이미지로 이해해 왔다면, 한국의 사유는 오래전부터 실과 옷감, 직조와 결의 이미지로 세계를 그려 왔다.

한국어를 보면 알 수 있다. '풀어낸다'라는 표현이 있다. 무언가 잘못된 것이 있다면 그것은 본질이 잘못된 것이 아니라 단지 엉켜 있기 때문이라 생각한다. 그래서 그 엉킨 실을 잘 풀어내면 해결된다고 생각하는 것이다.

'한恨과 원망을 풀어낸다'가 대표적이다. '맺힌 한'은 마음이 엉킨 상태를 가리키며, 그래서 우리는 갈무리와 치유를 '한을 풀다'고 말한다. 악귀도 퇴치해야 할 대상이 아니라, 그 안에 쌓인 한을 풀어 주어야 할 대상으로 본다. 케데헌의 원형이 된 한국의 무녀들 역시 퇴마사라기보다, 원한에 묶여 이승을 떠나지 못하는 영혼의 한을 풀어 가야 할 길로 돌려보내는 이들이었다.

낯선 독자들을 위해 케데헌은 처음에는 익숙한 대결 구도[퇴마 서사]로 접근했다. 그러나 후반부에 이르면, 진우의 가슴에 맺힌 매듭을 풀어 그의 혼이 루미의 빛과 하나가 되는 장면으로 이어진다. 이야기는 자연스럽게 무녀의 본령, 곧 매듭을 풀어 본래의 자리로 돌려보내는 방식으로 마무리되는 것이다.

그 외에도 다툼의 타결이나 일의 마무리도 '매듭을 풀다' 혹은 '매듭을 짓다'로 표현한다. 관계는 실의 이미지로 다뤄져 '인연을 맺고' 때로는 '끊는다'. 가능성 앞에서는 '희망의 끈'을 잡기도 하고, 포기할 때는 그 끈을 놓는다. 거의 사라질 듯 미세한 가능성은 '실낱 같은 희망'이라 부른다.

구성과 창작의 영역에서도 직조의 동사를 쓴다. 계획·문장·예산을 '짜'고, 완성된 결과가 단단하면 '짜임새가 있다'고 한다. 반대로 여기저기서 덧댄 어설픈 편집은 '짜깁기'라 부른다. 이야기를 만들거나 네트워크를 구축할 때는 '서사를 엮고 사람을 엮는다'고 말하며, 그러다 보면 일들이 '얽히고설키고' '뒤엉키기'도 한다.

문제를 풀 때의 언어도 직조의 단위를 따른다. 해법의 시작은 늘 '실마리'를 찾는 일이고, 혼란 속에서는 먼저 '가닥을 잡아야' 한다. 그리고 모든 이야기는 결국 하나의 '줄'거리를 따라 전개된다.

실과 옷감의 사유에 따르면 존재란 고정된 실체가 아니라 서로 얽히고 교차하며 생겨나는 무늬이다. 오늘날 우리는 다시 직물의 언어로 세계를 이해하게 된다. 현대의 과학과 기술은 우주와 문명을 거대한 옷감으로 드러낸다. 작은 것이 서로 얽혀 무늬를 이루는 순간, 우리는 그것을 섬세라 부른다.

철학자 에른스트 카시러Ernst Cassirer는 인간을 이성적 동물이 아니라 "상징적 동물"이라 규정했다. 인간은 세계를 직접 경험하지 않고, 언어·신화·예술·과학과 같은 상징적 형식을 통해 세계를 이해한다. 서구 철학은 오랫동안 세계를 건축물의 은유로 설명했다. 세계는 기초 위에 세워진 건물처럼 단단한 토대와 위계적 구조로 이해된 것이다.

그러나 이제 우리는 다른 상징을 필요로 한다. 세계를 어떤 이미지로 떠올리느냐에 따라, 우리의 무의식이 달라지고 삶을 대하는 태도 또한 달라지기 때문이다. 만약 세계를 건축물이 아니라 직조된 옷감으로 이해한다면 어떨까. 우리는 고정된 토대 위에 세워진 탑이 아니라, 서로의 실을 나누며 함께 직조해 가는 존재임을 알게 된다. 그리고 그 직물의 무늬 속에서 우리는 더 부드럽고, 더 섬세하며, 더 열린 세계를 마주한다.

섬세한 인식은 존재를 서로 연결된 관계 그 자체로 보고, 인식을 그러한 실상을 포착하는 것으로 이해하며, 윤리를 서로 연결된 타자의 신호에 응답하는 감각으로 풀어낸다. 나와 세계, 사상과 일상, 존재와 윤리의 경계가 따로 있지 않음을 보여주는 이 직물의 사유는, 한국이 간직해 온 가장 깊은 사유의 결이다.

그렇다면 이 직물적 사유는 구체적으로 어떤 모습으로 한국인의 정신세계를 형성해왔을까? 케데헌에서 우리가 발견한 조화와 포용의 미학은 어떤 사상적 전통에서 비롯된 것일까?

실을 풀고 매듭을 짓는 그 언어 감각은, 삶을 대하는 태도에서도 드러난다. 얽매이지 않으면서도 조화를 이루고, 극과 극을 오가면서도 균형을 잃지 않는 그 멋. 이제 풍류도로부터 시작하여 한국 사상의 독특한 궤적을 따라가 보자.

10장 풍류도의 멋: 한국적 조화와 유희

오늘날 K-드라마와 K-팝이 보여주는 조화와 유희의 감각은 어디서 비롯된 것일까? 그 뿌리를 더듬어 올라가면 유불선 이전, 한국 사유의 바탕을 이루었던 풍류도로 닿는다.

풍류風流, 바람처럼 흐르는 길. 얽매이지 않으면서도 함께 노래하고 춤추며, 공동체의 감각을 기르는 길이었다. 최치원의 「난랑비서문」에 따르면 풍류도는 현묘한 도로써 유불선을 아우르는 길이라 했다.

그러나 풍류도의 진정한 빛은 단지 교리의 통합에 머물지 않았다. 풍류도를 이어받은 화랑들은 산천을 유람하며 노래와 춤을 즐겼고, 예술과 놀이를 통해 삶을 수련의 장으로 삼았다. 자연 속에서 노니는 그들의 수련은 인간과 세계가 함께 울리는 조화의 길이었다. 이렇게 풍류도는 유불선을 아우르는 사상적 깊이와, 예술과 놀이로 드러나는 생동감, 그리고 공동체를 지키는 책임까지 함께 담아낸 한국적 영성의 원형이라 할 수 있다.

한국인의 영성을 탐구한 한 연구자는 '멋'이라는 개념에 주목한다.

멋이란 무엇인가? 그것은 한국인의 삶과 정신의 뿌리를 드러내는 감각이며, 그 기원에 풍류도가 있다는 것이다[박언영의 논문「풍류정신에 나타나는 멋에 대한 심리학적 고찰-극간유희(極間遊戲)의 영성」].

풍류도의 정신은 무엇보다도 공동체성과 유희성에서 드러난다. 노래와 춤은 혼자서도 할 수 있지만, '함께 즐기는'것은 공동체적 감수성을 필요로 한다. 이는 한국 전통 음악의 합주에서도 드러나는데 지휘자가 따로 없이 연주자들이 서로의 소리를 들으며 즉흥적으로 조화를 이루는 방식으로 진행된다. 각자의 소리가 지나치게 튀어서도 안 되고, 그렇다고 주변에 완전히 묻혀서도 안 되며, 자발적인 균형과 어울림 속에서 하나의 연주가 완성된다.

풍류도의 수련에는 이러한 예술적 감각만이 아니라 무사적 성격도 담겨 있었다. 활쏘기, 말타기, 권법, 검술 등 무예 훈련이 중요한 부분을 차지했다. 몸을 단련하는 것은 마음과 정신을 더 높은 곳으로 고양시키는 든든한 토대가 된다.

또한 풍류도의 중요한 면모는 자연 속에서의 수련과 놀이적 체험이었다. 『삼국사기』에는 "산과 물을 찾아 노닐며 즐기지 않은 곳이 없었다[遊娛山水 無遠不至]"라는 기록이 전한다. 단순한 유람을 넘어 자연과 교류하고, 몸을 단련하며, 삶을 풍요롭게 했던 이 전통에서 무엇보다 주목할 것은 '놀다[遊, 娛]'라는 말이 두 번 반복될 만큼 놀이의 시간이 본질적으로 중시되었다는 점이다.

오늘날 스마트폰 시대에도 유희는 여전히 소통의 중심에 있다. 과거처럼 공영방송에서 일방적으로 흘러나오는 콘텐츠를 수동적으로 소비하는 것이 아니라, 개인이 직접 송출하고 다른 이가 즉각 반응하는 시대다. 사람들은 더 가볍고, 더 재미있고, 더 자유로운 콘텐츠를 원한다. 이는 단순한 오락을 넘어 삶을 잇는 정신으로써, 풍류도의 유희가 새로운 형태로 되살아난 모습이라 할 수 있다. 웃음과 장난, 춤과 노래를 주고받는 놀이적 교류 속에서 사람들은 서로를 이해하고, 더 깊이 연결된다.

화랑도는 세계의 다른 무사도와 비교하면 특징이 두드러진다. 대체로 무사도는 무武만을 중시하는데 반해 화랑도는 아름다움을 추구했다. "잘생긴 남자를 택하여 곱게 꾸며 '꽃청년[화랑, 花郞]'이라 이름 짓고 그들을 받드니, 무리들이 구름처럼 몰려들었다"는 것이다. 또한 예술과 문학, 영성을 동시에 추구한 점도 매우 특이한 점이다. 풍류연구가에 따르면 대부분의 문명이 문무文武의 양극인데 반해 한국은 문무미文武美의 삼원성을 추구하였으며 문무의 대립을 뛰어넘어 아름다움을 추구했다고 한다.

❖ 극과 극을 노니는 멋

멋이란 무엇인가? 양극의 한쪽에 서 있는 것도, 그 중간에 단단히 서 있는 것도 아니다. 멋은 극과 극 사이를 자유롭게 오가는 움직임이다. 이를 박언영은 '극간유희極間遊戲'라 부른다. 극極 사이를[間] 노니는[遊] 놀이[戲].

한국인은 반전 있는 사람, 즉 서로 다른 면모를 모두 품고 자유롭게 오가는 사람에게 매력을 느낀다. 헌트릭스 멤버들은 전사의 강인함과 동시에 부드러운 감성, 귀여움과 엉뚱함을 갖고 있다. 무대의상의 화려함도 가질 수 있지만 소박한 잠옷의상도 어울린다. 당당함과 자신감을 무대에서 한껏 표출하지만 내면에는 주저함과 연약함이 함께 있다. 멋은 바로 그러한 양극을 오가는 역동성과 율동성 속에서 체현된다.

풍류도를 연구한 다른 학자인 이지양은 '고급한 풍류는 상대를 후하게 대하여 마음을 얻고, 더 고급한 풍류는 주변 사람 모두 함께 재미있고 신나게 만들며, 최고급 풍류는 맑고 깨끗한 것을 귀하게 여긴다'고 했다.

풍류는 술마시고 흥청망청 노는 것으로 오해되고 있지만 본래의 풍류는 그저 즐기는 것이 아니라 사회와 공동체 나아가 우주와 조화를 이루며 맑게 사는 섬세한 멋을 말했다.

♣ 무속과 치유

풍류도가 보여준 예술과 수양의 길은 한국인의 삶 속에서 다양한 방식으로 나타났다. 그중 하나가 바로 무속이다. 케데헌의 헌트릭스가 한국의 무당을 모델로 삼았다는 설정은 결코 우연이 아니다. 무속은 오랫동안 미신으로 치부되었지만, 사실은 공동체의 치유와 조화를 이끌어온 전통이었다.

굿은 개인의 고통을 풀어내는 동시에 마을 전체의 안녕을 기원하는 축제였고, 그 안에는 "이 집도, 저 집도 두루두루 잘되기를" 바라는 포용의 마음이 흐르고 있었다. 또한 무속은 여성의 공간이기도 했다. 무당이 모든 의식을 이끌며 치유와 보호의 힘을 발휘했고, 억눌린 여성들은 굿판에서 자신을 드러내며 위로를 얻었다.

무당은 권력자가 아닌 상담자이자 치유자였다. 속에 쌓인 응어리를 풀어주고, 가난하고 아픈 이를 위해 기도하는 행위가 무속의 본질이었다. 비록 근대 이후 억압과 폄하를 겪었지만, 본래 무속은 어머니의 마음처럼 포용과 따뜻함으로 세상을 감싸는 정신을 담고 있었다.

풍류도가 보여준 극간유희의 멋. 양극을 자유롭게 오가며 조화를 이루는 이 한국적 영성은, 오늘날 K-문화의 융합적 감각으로 이어지고 있다.

그러나 이러한 포용과 조화의 정신은 풍류도에서 멈추지 않았다. 불교가 전래되고, 특히 원효라는 탁월한 사상가가 나타나면서, 한국적 화해의 철학은 더욱 정교하고 깊이 있는 체계로 발전하게 된다.

11장 화엄과 화쟁: 차이를 꿰는 지혜

케데헌에서 루미는 퇴마사이면서 동시에 악령이다. 모순된 정체성. 그런데 이것을 '틀렸다'고 하지 않는다. 오히려 그 모순을 껴안을 때 진짜 힘이 생긴다. 루미가 모순된 정체성을 꿰어내어 힘을 얻듯, 신라 시대의 원효는 대립하는 사상을 꿰어내어 더 큰 지혜를 만들었다. 어떻게 그것이 가능했을까?

신라 시대의 고승 원효가 펼친 화쟁사상은 풍류도의 포용 정신을 불교적 깊이로 승화시킨 한국 사상의 백미다. 풍류도가 서로 다른 사상을 '포함'했다면, 원효는 그 차이들을 어떻게 '화해'시킬 것인가를 치밀하게 탐구했다.

한국인의 사상과 영성에 큰 영향을 미친 불교에서는 중도를 강조한다. 중도의 원래 의미는 '양극단에 거리를 둔다'는 뜻이다. 그리고 깨달음의 길을 일곱 가지로 정리한 칠각지에서 마지막은 평정이다.

평정심은 무관심한 상태가 아니라 하나하나에 마음을 기울이면서도 집착하지 않은 상태다. 그래서 평정을 마음의 '아름다운 요소'라 부른다. 한국인에게 불교사상이 깊게 뿌리내릴 수 있었던 것은 이러한 극간을 통섭하여 즐기는 성정과 관계가 있을 것이다.

이 흐름은 화엄사상으로 깊어졌다. 인드라망의 비유는 매듭마다 달린 보석 구슬이 서로를 비추어 하나가 곧 전체이고, 전체가 다시 하나를 담는다는 뜻을 전한다. 작은 것 안에 큰 것이 깃들고, 연결 속에서 존재가 드러난다는 이 사유는 한국의 예술과 사상에 깊이 스며들었다. 불국사의 석굴암, 고려 불화, 조선 선비들의 글과 그림 속에는 모두 이 '작음과 연결'의 세계관이 흐르고 있다.

❖ 원효의 화쟁사상 – 다툼을 넘어서는 사유

원효 스님이 술집에서 춤추며 깨달음을 전한 이유는 무엇일까?

신라 시대의 고승 원효元曉(617~686)는 한국을 넘어 동아시아 전체에서 기억되는 사상가다. 그런 위대한 사상가가 말년에는 저잣거리에서 걸인들과 어울리며 노래를 부르고 춤을 추며 다녔다.

그는 수많은 저술을 남겼지만, 무엇보다 서로 다른 사상과 교리를 하나로 꿰어내려 했던 화쟁和諍의 철학으로 우리에게 다가온다. 화쟁은 단순한 타협이 아니다. 갈라진 것을 억지로 합치는 것도 아니다. 서로 다른 목소리와 긴장을 더 깊은 차원에서 하나로 감싸 안으려는 사유 방식이다. 나와 너, 아군과 적군처럼 둘로 갈라지는 세계에서, 원효는 그 양극단을 넘어서는 길을 찾으려 했다. 그에게 선과 악이 둘이 아닌 것처럼 속세와 산문이 둘이 아니었다.

신라는 불교 종파가 활발히 전래되던 시기였다. 각 종파는 자신들의 가르침이 최종적 진리라고 주장하며 서로 대립했다. 오늘날로 치면, 인터넷과 SNS 속에서 각자의 신념을 고집하며 끝없이 충돌하는 모습과 크게 다르지 않았다. 이런 상황에서 원효는 종파를 뛰어넘어 더 큰 차원의 화합을 이루고자 했다.

화쟁은 단순히 타협하거나 반반씩 섞는 방식이 아니다. 오히려 차이와 갈등을 더 깊이 파고들어, 그 속에서 드러나는 본래의 하나 됨을 발견하는 통찰이다. 그의 사상의 중심에는 '한 마음一心'이라는 통찰이 있었다. 원효는 이를 두 가지 문으로 풀어 설명했다.

하나는 진여문眞如門. 변치 않는 본성의 세계다.

다른 하나는 생멸문生滅門. 끊임없이 변하는 현상의 세계다.

겉으로 보면 서로 대립하는 두 세계처럼 보인다. 하지만 원효는 말한다. "진여는 생멸을 떠나 있지 않고, 생멸 또한 진여에서 벗어나 있지 않다." 변하지 않는 본성과 끊임없이 변하는 현상. 이 둘은 따로 있지 않다. 모두 한 마음에서 비롯된다. 그는 이를 일심이문一心二門이라 불렀다. 하나의 마음이지만 두 갈래로 드러나는 방식이 다를 뿐이다.

이 깨달음은 단지 철학적 개념에 그치지 않는다. 원효는 우리가 세상을 잘못 보게 되는 과정을 섬세하게 설명했다. 어두운 길에서 새끼줄을 보고 뱀이라고 착각하는 비유가 그것이다. 우리의 마음은 무명無明에서 출발해 작은 오해를 만들고, 그것이 점차 커져 왜곡된 세계를 만든다. 그 과정에서 증폭 역할을 하는 것이 우리의 언어들이다.

오늘날 스마트폰과 알고리즘은 이 과정을 더 빠르고 강하게 만들어 낸다. 작은 편견과 오해가 온라인에서 증폭되고, 알고리즘은 그 편향된 정보만을 반복적으로 보여주며 사람들을 극단으로 몰아간다. 그 결과 사회적 갈등은 더욱 심화되고, 서로 다른 세계에 사는 듯한 분열이 생겨난다. 그러나 원효가 말했듯이, 착각의 가장 초기 단계에서 이를 알아차린다면 우리는 다시 본래의 자리로 돌아올 수 있다. 현대의 디지털 갈등 속에서도 이 지혜는 여전히 유효하다.

화쟁의 철학은 이렇게 개인의 깨달음을 넘어, 사상과 종파의 갈등을 품어내는 지혜로 확장된다. 서로 다른 주장을 무시하지 않고, 갈등을 억누르지도 않으면서, 그 대립을 통해 더 큰 진리를 드러내는 길. 원효는 이를 통해 "갈라지고 막히던 세계가 서로에게 열려 걸림없이 오가는 지평"을 보았다.

원효의 사상은 신라를 넘어 중국·일본·중앙아시아, 심지어 인도까지 퍼져 나갔다. 그의 『대승기신론소』는 중국에서 '해동소'라 불리며 존중받았고, 동아시아 사상사 전체에 깊은 자취를 남겼다. 한 지역의 사유가 세계의 보편적 유산으로 확장될 수 있음을 보여준 셈이다. 원효의 화쟁사상은 후대에도 이어져 한국불교의 회통會通사상으로 발전했다. 이는 고려 시대 의천 등에 계승되었고, 조선 시대 청허 휴정, 근대의 경허, 한암, 현대 탄허스님까지 이어졌다.

이 사상은 오늘날에도 놀랍도록 생생하다. 작은 차이가 증폭되어 사회 전체의 균열로 번지는 상황은, 원효 시대의 갈등과 겹쳐 보인다. 그러나 원효는 이미 오래전 우리에게 길을 제시했다. 차이를 없애려 하거나 억누르는 것이 아니라, 그 차이를 그대로 꿰어내어 더 큰 통합의 차원으로 나아가는 것. 이것이 바로 화쟁의 지혜이다.

결국 원효는 우리에게 이렇게 속삭인다. 갈등은 피해야 할 적이 아니라, 더 넓은 하나로 가는 길의 일부라고. 생멸과 진여, 환상과 깨달음, 성스러움과 속세—이 모든 대립은 하나의 마음에서 비롯되어 다시 하나로 돌아간다. 그가 남긴 지혜는 천삼백 년을 건너 오늘 우리의 시대에도 여전히 빛나고 있다.

12장 리와 기: 무늬와 흐름의 철학

이치理致는 옥돌에 새겨진 물결무늬처럼 자연스럽게 흐르는 질서를 뜻한다. 기운氣運은 그 질서 속에서 생동하며 움직이는 에너지다. 헌트릭스의 무대를 떠올려보자. 안무[이치]가 있고, 그걸 실제로 춤추는 몸의 움직임[기운]이 있다. 안무 없이는 춤이 엉망이 되고, 몸이 없으면 안무는 그저 종이 위의 그림일 뿐이다. 조선의 철학자들이 고민한 것도 바로 이것과 관련이 있다.

한국적 사유의 밑바탕에는 언제나 무늬와 결, 그 흐름의 감각이 깃들어 있었다. 조선 시대 가장 빛나는 철학적 논쟁은 이치[理]와 기운[氣]의 관계를 둘러싼 대화였다.

K-드라마의 사극은 대부분 조선 시대를 배경으로 한다. 이는 가장 가까운 왕조이자 500년이나 이어진 역사 덕분에 풍부한 문화와 사건을 생생하게 담아낼 수 있기 때문이다. 해외에서도 큰 인기를 얻은 〈대장금〉이나 〈해를 품은 달〉 같은 작품들이 그 예다.

이러한 드라마 속에서 남자 주인공은 종종 선비로 등장한다. 선비란 조선에서 성리학을 공부하는 학자들이다. 성리학은 문자 그대로 인간의 본성[性]과 우주의 이치[理]를 탐구하는 철학이다.

조선의 성리학자들은 이치와 기운의 어우러짐을 통해 인간과 우주의 질서를 이해하고자 했다. 이치는 사물과 현상에 깃든 근본 질서를 의미했고, 기운은 그 질서를 현실에서 구현하고 생동하게 만드는 물질적 에너지로 여겨졌다. 송·명의 성리학으로부터 시작된 이론을 조선 학자들은 수용하면서도 독창적으로 발전시켰다. 특히 이치와 기운의 관계를 둘러싼 논쟁은 조선 사상사의 핵심을 이루며, 퇴계 이황退溪 李滉과 율곡 이이栗谷 李珥의 사유로 절정을 이루었다.

퇴계는 이치가 기운에 앞서며 주도적 역할을 한다고 보았다. 그에게 이치는 도덕적 질서의 근원이었고, 기운은 이를 따르는 물질적 기반이었다. 반면 율곡은 기운의 생동성을 현실의 출발점으로 보았다. 그는 "기발이승일도氣發理乘一途"라는 관점, 즉 기운이 먼저 일어나고, 이치가 이를 통합하여 바른 길로 이끈다고 주장했다.

퇴계와 율곡의 철학은 도덕성의 실현 방식에서 뚜렷한 차이를 보인다. 퇴계는 개인의 성찰과 수양을 통해 도덕성을 실현하려 했다. 예를 들어, 그는 조용한 학문적 환경에서 경敬을 실천하며 마음을 다스리는 데 중점을 두었다. 반면 율곡은 사회적 제도와 교육을 통해 도덕성을 구현하려 했다. 그는 기질을 바르게 하고, 공동체의 질서를 세우는 실천적 방안을 강조했다. 예컨대 향약鄕約 같은 지역 공동체 제도를 통해 도덕적 질서를 현실에 뿌리내리게 하려 했다.

퇴계와 율곡의 이치-기운 논쟁은 둘을 대립시키지 않고 상호보완적으로 이해하려는 공통점을 가진다. 이들은 중국 성리학의 이론적 틀을 계승하면서도 조선의 사회적·문화적 맥락에서 이를 재해석하여 독창적 사유를 펼쳤다. 조선 성리학은 이치와 기운의 조화를 통해 개인과 공동체, 이상과 현실을 잇는 사유의 깊이를 보여준다. 그들의 사유에는 무늬와 결, 그 흐름의 감각이 깊이 배어 있다.

이치와 기운의 대화는 조선의 철학자들만의 논쟁에 머무르지 않는다. 오늘날 케데헌과 같은 K-콘텐츠 속에서도 우리는 무늬와 흐름의 철학을 발견할 수 있다. 영화에 등장하는 여러 문양들은 질서 있는 무늬를 드러내고, 그 움직임과 서사는 생동하는 기운을 펼쳐낸다. 퇴계가 말한 내면의 수양과 율곡이 강조한 공동체적 실천은, 작품 속에서 루미의 개인적 성장과 팀의 협력이라는 두 축으로 되살아난다. 이처럼 한국의 사유는 철학에서 예술로, 전통에서 현대의 문화로 이어지며 숨 쉬고 있다.

13장 현대 과학기술과의 공명

과학은 놀라운 여정을 거쳐 왔다. 세계를 단단한 벽돌의 집합으로 보던 시대가 있었다. 19세기 과학자들은 우주가 독립된 입자들로 이루어졌다고 믿었다. 마치 당구공처럼 서로 부딪치며 움직이는 세계. 하지만 현대 물리학은 전혀 다른 그림을 그려냈다.

현대 과학의 발전은 직물적 세계상을 뒷받침한다. 패러데이가 발견한 장[field]은 공간이 비어 있지 않음을 보여주었다. 보이지 않는 무언가가 공간을 가득 채우고 있다. 자석 주위에 철가루를 뿌리면 아름다운 무늬가 드러나듯, 장은 공간 전체에 펼쳐진 보이지 않는 직물이다.

아인슈타인은 한 걸음 더 나아갔다. 그는 시공간 자체가 휘어지는 직물임을 증명했다. 무거운 물체는 이 직물을 누르고, 그 굴곡이 우리가 중력이라 부르는 현상을 만들어낸다. 지구가 태양 주위를 도는 것은 태양이 만든 시공간의 골짜기를 따라 움직이기 때문이다.

양자역학은 더욱 놀라운 사실을 밝혀냈다. 멀리 떨어진 입자들조차 서로 얽혀 있다. 하나의 입자 상태를 측정하는 순간, 우주 반대편에 있는 다른 입자가 즉시 반응한다. 빛의 속도보다 빠르게, 거리와 무관하게. 마치 한 폭의 직물에서 한쪽 끝을 잡아당기면 다른 쪽 끝이 움직이듯.

끈이론은 존재의 가장 미세한 차원까지 파고든다. 모든 입자는 진동하는 끈으로 이루어져 있다. 서로 다른 진동 패턴이 서로 다른 입자를 만든다. 우주는 거대한 교향곡이며, 만물은 그 안에서 각자의 음을 내는 현이다.

생명과학 역시 같은 방향을 가리킨다. 생명체는 고립된 개체가 아니다. 끊임없는 상호작용 속에 존재하는 유기적 그물망이다. 세포는 다른 세포와 신호를 주고받고, 생명체는 환경과 끊임없이 대화한다. 경계는 견고하지 않다. 모든 것이 흐르고 연결되어 있다.

흥미로운 것은 이것이 새로운 발견이 아니라는 점이다. 동아시아 전통에서 '우주宇宙'라는 말은 이미 이를 담고 있었다. 宇는 공간이고, 宙는 시간이다. 우주는 공간과 시간을 날줄과 씨줄로 직조한 직물이었다.

고대 사유와 현대 과학은 서로 다른 길에서 출발했다. 하나는 명상과 직관을, 다른 하나는 실험과 수식을 통해 걸어왔다. 그러나 두 길은 결국 같은 풍경 앞에 도달했다. 세계는 한 폭의 직물이라는.

불교의 연기법은 서로 연결된 진실의 세계를 이렇게 표현한다. "이 것이 있으므로 저것이 있고, 이것이 없으므로 저것이 없다." 모든 현상은 독립된 실체로 존재하지 않는다. 조건과 관계 속에서만 존재한다. 직물의 날줄 하나는 다른 씨줄들과 얽혀야만 비로소 무늬를 드러낸다.

이것은 양자역학의 중첩상태를 떠올리게 한다. 입자는 우리가 보기 전까지 여기도 저기도 아닌 곳에 있다. 마치 파도가 일기 전 바다처럼, 모든 가능성을 품고 있다. 우리가 관찰하는 순간, 그 중 하나가 현실이 된다. 관찰자와 관찰 대상은 분리되어 있지 않다. 둘은 하나의 직물 안에서 함께 무늬를 만들어낸다.

우리는 흔히 타인을 하나의 단단한 당구공처럼 단정 짓는다. "그 사람은 원래 그래." 하지만 실제로 인간은 직물과 같다. 그는 언제나 여러 가능성의 중첩 상태에 있으며, 어떤 모습이 드러나는가는 우리의 시선에 달려 있다. 케데헌에서 진우를 변화시킨 것은 한 어린 아이와 루미의 믿음이었다. 그의 영혼은 아름다우며 그의 본래 성품은 착하다고 하는.

신뢰와 가능성의 눈으로 바라볼 때 직물의 무늬는 넓게 펼쳐지고, 의심과 고정관념의 눈으로 바라볼 때 그 무늬는 왜곡되거나 위축된다.

타인은 언제나 가능성의 중첩 상태로, 날줄과 씨줄 사이에서 드러날 수 있는 수많은 무늬를 품고 있다. 우리가 관계 속에서 어떤 시선을 드리우는지가 그 무늬의 형태를 결정한다. 이 직물적 존재론은 결국 우리에게 되묻는다. "나는 어떤 관찰자인가? 나는 어떤 무늬를 함께 짜고 있는가?"

[민호선 / 시간의 서사 / 2023 / 먹으로 물들인 삼베천과 실, 장지 / 100 × 200cm]

민호선 작가는 한국의 전통 재료인 먹과 삼베실을 사용해 삶과 죽음, 그리고 순환의 세계를 표현한다. 씨실과 날실로 짜인 삼베천을 먹으로 물들인 뒤, 씨실을 하나씩 풀어내어 다시 이어 붙인다. 한 점에서 시작된 실은 공간으로 퍼져나가며 유기적 형상을 이루고, 실에는 날실과 교차했던 자국이 남는다. 그렇게 시간과 공간이 스며들며 생명으로 이어지는 순환을 그린다.

❖ 뇌과학과 직물적 존재

숲속을 걷다 보면, 들리지 않던 소리가 들리기 시작한다. 잎사귀 사이로 스며드는 바람의 속삭임, 땅 아래에서 벌어지는 생명의 속삭임, 그 모든 것이 서로 얽혀 하나의 조화로운 리듬을 만든다. 눈을 감고 귀를 기울이면, 이 세계는 결코 거칠거나 단절된 것이 아님을 느낄 수 있다. 오히려, 섬세하게 얽힌 하나의 생명체처럼 느껴진다.

놀랍게도 이와 똑같은 일이 우리 뇌 속에서도 일어나고 있다.

NVU Neurovascular Unit(신경혈관단위)라는 흥미로운 단어가 있다. NVU는 뇌 안에서 여러 세포들이 협력하는 시스템이다. 뉴런이 활동하면, 성상교세포가 이를 감지한다. 혈관에 신호를 보내 산소와 영양을 요청한다. 미세아교세포는 독성 물질을 치우고, 혈액뇌장벽은 외부 침입을 막는다. 이 정교한 분업은 마치 숲속 생명들이 각자의 자리에서 전체 생태계를 지켜내는 모습과 닮아 있다.

이처럼 NVU는 우리 몸속에서 일어나는 섬세한 연결의 상징이다. 이 조화로운 시스템은 서로를 통제하거나 지배하지 않는다. 대신 서로를 느끼고, 응답하며, 필요한 것을 주고받는다. 섬세함은 연약함이 아니다. 그것은 오히려 깊은 감지력과 연결의 힘이다. 나무 한 그루의 뿌리에서 시작된 물줄기가 잎 끝까지 생명을 전하듯, 우리도 서로를 향해 미세한 신호를 보내며 살아간다.

이러한 뇌과학의 발견은 직물적 존재론과 놀라운 일치를 보여준다. 시냅스야말로 그 완벽한 은유다. 뉴런과 뉴런은 전선처럼 직접 이어져 있지 않다. 그 사이에는 미세한 틈, 곧 시냅스가 있다. 전기 신호는 그 간극을 건너기 위해 화학적 신호로 변환된다. 뇌는 빠른 전달을 위해 직선적 회로를 선택하지 않았다. 대신 작은 여백, 느린 우회로를 선택했다. 이 여백에서 신호는 조율되고, 변형되며, 새로운 의미를 짠다. 시냅스는 단절이 아니라 '거리를 둔 연결'이다. 그 느슨한 공간에서 우리는 배우고 기억하며, 감정을 나누고 새로운 무늬를 만들어낸다.

만약 뇌가 직선적 전기회로였다면 어떻게 되었을까. 버튼을 누르면 불이 켜지듯, 자극은 곧 반응이 되고, 선택은 사라졌을 것이다. 이것이 "일인일과因一果"의 세계다. 하나의 원인은 언제나 하나의 결과만을 낳는다.

그러나 시냅스의 간극은 자극과 반응 사이에 여백을 두어, 반응 대신 해석을, 단순한 신호 대신 의미의 창조를 가능하게 한다. 같은 고통의 자극도 누군가에게는 회피로, 다른 이에게는 성장의 기회로 받아들여진다. 이 차이는 바로 시냅스라는 여백에서 비롯된다.

그러므로 인간은 일인일과의 기계적 세계에 갇혀 있지 않다. 우리는 "다인다과多因多果"의 직물 속에 살아간다. 하나의 자극이 여러 반응으로 짜여지고, 하나의 결과가 수많은 인연의 실에서 비롯된다. 우리의 존재는 옷감처럼 서로 얽힌 여백과 연결 위에만 가능하다.

그 여백 덕분에 우리는 서로 스며들면서도 각자의 결을 잃지 않는다. 시냅스의 간극은 단순한 생물학적 사실이 아니라, 우리 존재 방식의 증거다.

이러한 느슨한 연결을 어떻게 건강하게 만들 수 있을까? 경북 안동의 한 마을에서 오래도록 베를 짜온 노인들이 있다. 그들의 치매 발병률은 전국 평균의 5분의 1에 불과했다. 그 차이가 너무나 확연하여 연구 결과에 언론도 관심을 가질 정도였다. 여러 요인이 복합적으로 작용했겠지만, 전문가들은 길쌈의 반복적 손동작이 핵심 역할을 했을 것으로 본다. 안동포의 씨줄과 날줄이 짜여지듯, 섬세한 손과 뇌의 직조적 활동이 치매 예방에도 긴밀히 연결되어 있었던 것이다.

우리는 결국, 느슨함과 간극 속에서 직조되는 존재다. 다시 숲으로 돌아가 보자. 나무들은 뿌리를 통해 서로 영양분을 나누고, 네트워크를 통해 위험을 알린다. 그들은 붙어 있지 않지만 연결되어 있다. 우리 뇌도, 우리 삶도, 이 세계도 마찬가지다.

당신이 지금 읽고 있는 이 문장들도, 당신의 시냅스 속에서 새로운 무늬로 짜여지고 있을 것이다. 그리고 그 새로운 무늬는 당신을 어떤 새로운 인연과 만남으로, 새로운 세계로 이끌 것이다.

❖ 촘촘하게 연결되어 가는 문명

브라질 출신 신경과학자 수자나 하우젤은 뇌를 '수프 상태'로 만들어 뉴런을 셌다. 리우데자네이루 실험실에서, 그녀는 뇌 조직을 화학적으로 풀어 세포 하나하나를 세며 인간 뇌가 약 860억 개의 뉴런으로 짜여 있음을 밝혔다. TED 강연에서 그녀는 말했다. '뇌를 이해하려면, 먼저 그것을 풀어야 해요.' 그녀는 뇌라는 복잡한 생명기관을 옷감에서 실을 풀듯 부드럽게 풀어냈다.

인간의 뇌는 이러한 얽힘의 거울이다. 하우젤의 연구에 따르면, 인간 뇌는 약 860억 개의 뉴런을 가지며, 각 뉴런은 수천 개의 시냅스를 통해 연결되어 약 600조 개의 접점을 형성한다. 이는 고양이나 개, 심지어 침팬지[63억 개]와 비교할 때 압도적이다. 이 연결망은 감정, 기억, 협업을 짜내며 문명을 가능케 했다.

오늘날 우리는 새로운 뇌를 짜고 있다. 인공지능의 파라미터는 뉴런처럼 작동하는 수학적 연결점이다. GPT 모델의 파라미터는 몇 년 만에 만 배 이상 증가했다. 파라미터가 많을수록 AI는 더 정교하게 세상을 이해한다. 인간 뇌의 시냅스를 닮았지만, 동시에 그 너머를 꿈꾼다.

물리적 세계도 거대한 신경망이 되고 있다. 사물인터넷 기기[IoT]는 폭발적으로 증가하여 2030년에는 400억 개를 넘을 전망이다. 냉장고부터 화분까지, 모든 것이 연결되는 시대다.

서울시는 스마트 가로등 프로젝트를 시작했다. 가로등 하나하나에 미세먼지 센서, 소음 측정기, 보행자 감지 센서가 달려 있다. 밤늦게 사람이 지나가면 자동으로 밝아지고, 공기질이 나빠지면 시민들의 스마트폰에 알림이 간다. 교통사고가 발생하면 주변 가로등들이 즉시 119에 신고를 보낸다.

이는 단순한 편의성을 넘어선다. 도시 전체가 하나의 거대한 감각 기관이 되어, 시민들의 안전과 건강을 실시간으로 모니터링한다. 한 곳에서 일어난 변화가 즉시 전체 시스템에 전달되고, 도시가 마치 살아있는 유기체처럼 반응한다.

개인의 삶도 촘촘한 연결망 속에 들어와 있다. 스마트워치는 심박수와 수면 패턴을 측정하고, 스마트폰은 이동 경로와 앱 사용 패턴을 기록한다. 이 데이터들은 서로 연결되어 개인 맞춤형 서비스를 만들어낸다.

현대 과학이 발견한 세계는 놀랍게도 고대 사상이 직관한 세계와 닮아 있다. 뇌의 신경망과 우주의 시공간 직물, 양자역학의 얽힘과 인드라망의 상호반사—모든 것이 서로 연결된 하나의 거대한 옷감임을 보여준다.

그러나 연결이 촘촘해질수록, 역설적으로 우리는 그 연결을 느끼지 못하게 된다. 수백억 개의 사물이 신호를 주고받지만, 정작 우리 자신은 무감각해진다. 스마트폰은 심박수를 측정하지만, 우리는 자신의 숨소리를 듣지 못한다. 도시 전체가 실시간으로 데이터를 모으지만, 정작 우리는 이웃의 고통을 감지하지 못한다.

이 시대의 가장 큰 역설이 여기 있다. 세상은 점점 더 연결되는데, 우리는 점점 더 단절되어 간다. 과학기술이 만들어가는 촘촘한 연결망 속에서, 우리는 어떤 존재로 살아가야 할까?

✤ 감각과 감성의 회복

문명은 점점 더 정교하게, 더 촘촘하게 직조되고 있다. 사물은 서로 통신하고, 데이터는 실시간으로 흐르며, 사람들은 물리적 거리를 넘어 관계를 맺는다. 도시와 도시, 생명과 생명, 마음과 마음이 한층 깊고 복잡하게 얽힌 이 시대에, 우리는 어떻게 살아가야 할까?

가장 먼저 필요한 것은 감각과 감성의 회복이다. 연결과 얽힘을 이해하려면 먼저 그 연결을 느낄 수 있어야 한다. 그러나 과도한 자극과 정보의 홍수는 우리의 감각을 무디게 하고 감성을 마비시킨다. 감각은 많이 자극받을수록 예리해지는 것이 아니라, 고요 속에서 회복될 때 비로소 선명해진다.

고대 철학자들은 이미 이 문제를 고민했다.

에피쿠로스는 말했다. 진정한 쾌락은 자극적인 쾌감이 아니라 평온한 상태라고. 그가 '아타락시아ataraxia'라고 부른 이 고요함은 무디어진 감각을 되찾는 길이다. 과도한 자극에서 벗어날 때, 미세한 즐거움을 느낄 수 있다. 바람이 피부를 스치는 감촉, 물이 목을 타고 내려가는 느낌, 햇살이 눈꺼풀에 닿는 온기—이런 소박한 감각들이 살아난다.

스토아학파는 다른 방식으로 접근했다. 외부의 소음에 흔들리지 말고 내면의 이성으로 세계를 또렷하게 바라보라고 했다. 이는 인식을 맑게 하는 훈련이었다. 마르쿠스 아우렐리우스는 전쟁터 한가운데서도 명상록을 썼다. 혼돈 속에서 맑음을 지키는 것, 그것이 진정한 자유였다.

동양에서도 마찬가지다. 단군신화의 곰이 동굴에서 100일간 수행한 이야기는 감각을 정화하고 내면을 가다듬는 과정을 상징한다. 어둠과 고요 속에서 곰은 인간이 되었다. 이는 단순한 신화가 아니다. 자극을 멈추고 내면을 바라볼 때, 우리는 비로소 진정한 인간이 된다는 가르침이다.

인간 뇌의 구조 또한 이 길을 비춰준다. 우리가 복잡한 문명을 만들어 낼 수 있었던 것은 전전두엽이라는 정교한 직조 덕분이다. 이곳은 수많은 시냅스가 교차하는 자리로, 계획, 공감, 윤리적 판단 같은 고차원적 사고를 가능하게 한다. 이것이 원활하게 기능하려면 뇌가 건강해야 한다. 맑은 혈액, 안정된 호흡, 균형 잡힌 신경계가 그 토대다. 결국 몸과 마음이 정돈될 때 섬세한 인식이 가능하다.

관계를 느끼고 얽힘을 인식할 수 있을 때, 우리는 자연스럽게 윤리적 삶에 다가선다. 윤리란 추상적인 규범이 아니라, 타인의 고통과 기쁨에 공명하는 감응의 능력이기 때문이다.

오늘의 문명은 과거보다 훨씬 더 많은 연결 위에 서 있다. 미래는 더욱 복잡하고 섬세하게 얽힌 세계가 될 것이다. 그 속에서 우리는, 자극에 무뎌진 존재가 아니라 감각이 깨어 있고 인식이 맑은 존재로 서야 한다.

이것은 기술을 거부하자는 말이 아니다. 오히려 기술이 만든 연결망을 제대로 느끼고 활용하자는 것이다. 스마트워치가 심박수를 알려줄 때, 잠시 멈춰 자신의 가슴에 손을 얹어보는 것. 도시의 센서가 공기질을 측정할 때, 창문을 열어 바람을 직접 들이마셔보는 것. 데이터가 아니라 감각으로, 정보가 아니라 경험으로 세계와 만나는 것.

촘촘한 연결망은 도구다. 그것을 어떻게 사용할지는 우리의 감각과 감성에 달려 있다. 맑은 인식으로 연결을 느낄 때, 비로소 우리는 연결망의 그물에 포획된 먹이가 아니라 연결망을 타고 자유롭게 살아가는 존재가 된다.

🍀 연결과 건강

독일에서 활동하고 있는 철학자 한병철은 〈사물의 소멸〉에서 경고한다. 모든 것이 디지털 화면 속으로 들어오면서, 우리는 사물을 직접 만지고 느낄 기회를 잃고 있다. 시각을 제외한 모든 감각이 소멸 위기에 있다. 아이들은 스마트폰에 얼굴을 묻고 구부정한 자세로 시간을 보낸다. 손끝으로 화면만 쓸어내릴 뿐, 나무의 부드러운 결도, 흙의 촉촉한 감촉도 경험하지 못한다.

점점 개인화되어 가는 이 시대에, 우리는 어떻게 감각을 되살리고 몸과 마음을 온전히 연결할 수 있을까?

그 답을 조상의 지혜에서 찾아볼 수 있지 않을까. 앞에서 살펴본 화랑도는 몸과 마음, 개인과 공동체를 함께 키워낸 전통이었다.

노래와 춤은 단순한 오락이 아니다. 복잡한 가락을 따라가며 소근육을 정밀하게 움직일 때, 뇌의 전전두엽과 소뇌가 촘촘히 연결된다. 악기를 다루는 섬세한 손놀림은 뉴런의 시냅스를 늘린다. 시를 짓고 경전을 익히는 공부는 전전두엽을 가다듬어 계획과 공감, 판단의 능력을 키운다.

기마와 활쏘기는 심폐를 단련한다. 달리는 말 위에서 균형을 잡고, 움직이는 과녁을 맞히려면 온몸의 근육과 신경이 하나로 협응해야 한다. 다양한 무예는 격렬한 유산소 운동이다. 이 모든 수련은 단순히 몸을 강하게 만드는 것을 넘어, 신경계와 순환계의 미세한 연결망을 촘촘하게 짜냈다. 넓은 자연 속에서의 수련은 '나'를 더 큰 우주의 한 올로 깨닫게 했다.

이러한 전통적 지혜는 현대 의학에 의해 과학적으로 입증되고 있다. 순환기내과 전문의 이종영 교수의 연구는 흥미롭다. 규칙적인 운동은 굵은 혈관보다 오히려 심장과 전신에 퍼진 잔뿌리 같은 미세혈관을 새로 만들고 강화한다는 것이다. 이 작은 혈관망이 촘촘할수록, 큰 혈관이 막히더라도 우회로로 혈액이 공급되어 생명을 지킬 가능성이 커진다.

실제로 심근경색 환자 중에서도 꾸준히 운동해 온 이들은 미세혈관망이 발달해 있어 위기를 더 잘 견디고 회복 속도도 빠른 것으로 보고된다. 캐나다에서는 심근경색 환자들이 재활훈련 후 보스턴 마라톤을 완주했다. '심장병 환자에게 운동은 금기'라는 통념을 깬 상징적 사건이었다.

운동은 신경계와 혈관계를 동시에 자극해 몸 전체의 연결망을 튼튼히 한다. 우리의 뇌가 베의 날줄과 씨줄처럼 정교하게 엮일수록 건강과 행복이 유지되듯, 운동은 몸속 혈관의 잔뿌리를 키우며 우리 삶의 결을 단단히 짜는 힘이 된다.

건강은 결국 연결의 질과 닿아 있다. 뇌의 건강은 신경망이 얼마나 미세하고 탄탄하게 이어져 있는가에 달려 있고, 심장의 건강은 굵은 관 하나에 의존하는 것이 아니라 잔뿌리 같은 미세혈관들이 얼마나 풍성하게 뻗어 길을 내어두었는가에 달려 있다. 이는 개인만의 문제가 아니다. 건강한 사회란 구성원들이 서로 소외되지 않고 이어져, 필요한 자원과 돌봄이 여러 경로로 닿을 수 있는 사회다.

디지털 화면이 지배하는 이 시대, 우리 아이들에게 필요한 것은 더 많은 정보가 아니다. 그들에게 필요한 것은 감각의 회복이다. 손으로 무언가를 만지고, 몸을 움직이며, 타인과 함께 노래하고 춤추는 경험이다. 이는 단지 아이들뿐만이 아닐 것이다. 사물의 소멸, 감각의 상실 시대를 살아가고 있는 우리 모두에 해당하는 이야기가 아닐까.

케데헌의 〈골든〉을 아이들과 교사가 함께 부르며 춤추는 모습, 온 가족이 K-팝 안무를 따라하는 영상들을 보면 마음이 따뜻해진다. 이런 경험들이야말로 현대에서 우리가 점점 잃어가고 있는 '함께 노닐음'의 순간이자 감각을 회복하는 순간이다. 이런 경험이 일상에서 더 많아지기를!

14장 섬세-결 사유와 미래 문명

✤ 섬세纖細의 의미

지금까지 우리는 뇌의 시냅스, 생태계의 연결, 도시의 센서망을 보앉다. 이 모든 것들은 작은 것들이 연결되어 흐름을 만들고, 그 흐름이 새로운 무늬를 짜고 있음을 보여준다.

이러한 한국의 고유사상, 실과 옷감, 흐름을 중시하는 사상을 현대적 용어로 바꾼다면 섬세-결이라 부를 수 있을 것이다. '섬세纖細'는 우선 매우 작음을 의미한다. '纖[섬세할 섬]'은 고대 동양 수학에서 극소를 나타내는 수의 단위였다. 10의 마이너스 6승이라는 매우 작은 단위를 나타내는 한자가 미微다. 서양의 단위에서는 마이크로에 해당한다. 마이크로를 미세라고 번역하고 마이크로스코프microscope를 현미경顯微鏡이라고 번역하는 이유다.

그리고 미보다 더 작은 10의 마이너스 7승을 섬纖이라 한다. 미세와 섬세의 차이는 단순히 10배 더 작다는 것이 아니다. 우리가 작은 것을 미세하다고는 하지만 섬세하다고는 하지 않는 이유가 있다. 그 차이는 한자를 잘 들여다보면 알 수 있다. 섬에는 실[絲]을 뜻하는 변이 들어가 있다[섬세의 '세'에도 역시 마찬가지로 실사변이 있다]. 작은 것들이 서로 연결된 것이 섬세다. 즉 작고 미세한 것들이 서로 얽히고 연결될 때 우리는 그것을 '섬세하다'고 말한다.

분分	10^{-1}
리厘	10^{-2}
모毛/호豪	10^{-3}
사絲	10^{-4}
홀忽	10^{-5}
미微	**10^{-6}**
섬纖	**10^{-7}**

[13세기 수학서인 《산학계몽》에서 작은 수를 가리키는 단위들]

그렇게 연결된 것들은 흐름을 만들고, 그 흐름이 축적되면 특정한 방향과 패턴이 생긴다. 이러한 흐름이 만드는 무늬를 '결'이라 부른다. 결은 단단하거나 고정된 본질이 아니라, 원인과 조건에 따라 유동적으로 형성되는 존재의 흐름이다.

이러한 상호작용의 흐름이 지속되면 우리는 그것을 안정된 패턴으로 인지한다. 동양에서는 그것을 '도道'라 불렀다. 도는 아름다운 통찰이었다. 다만 도가 영원불변의 실체로 해석될 때, 우리는 역설적으로 흐름 자체를 놓치게 된다. 오늘날 우리에게는 끊임없이 변화하는 현상의 이해가 필요하다.

우리가 사는 세계는 점점 더 복잡해지고 있다. 더 많은 것들이 연결되고, 더 빠르게 흐르고 있다. 이 세계를 이해하려면, 우리에게 새로운 사유가 필요하다.

고정된 것이 아니라 흐르는 것을. 분리된 것이 아니라 연결된 것을. 섬세-결의 사유는 이 복잡한 세계를 이해하는 하나의 방법이다. 작은 것들의 연결을 보고, 그 흐름이 만드는 무늬를 읽는 것이다.

♣ 현대 문명과 섬세-결

이러한 섬세-결 사유는 현대 문명을 이해하는 하나의 실마리가 될 수 있다. 오늘날 우리는 이상한 역설 속에 살고 있다. 모든 것이 작아지고 있는데 동시에 무한히 확장되고 있다.

반도체 칩은 나노미터 단위로 작아지면서 동시에 전 세계를 연결한다. 개인의 목소리는 짧은 영상이나 메시지로 축소되지만, 그것은 순식간에 수백만 명에게 퍼져나간다. 조직은 더 작은 단위로 분화되지만, 그 작은 단위들은 네트워크로 긴밀히 연결되어 거대한 힘을 발휘한다. 이 현상을 단순히 '미시화' 혹은 '소립자화'라고 부르기에는 한계가 있다.

미시微細가 단순히 '작다'는 의미라면, 섬세纖細는 '작으면서도 연결되어 있다'는 뜻을 담고 있다. 작지만 날줄과 씨줄로 엮여 무한히 확장되는, 결을 가진 무엇이다.

섬세함의 가장 깊은 차원에 조화와 융합의 아름다움이 있다. 우리 모두는 각기 고유한 '결'을 갖고 있다. 그 '결'은 모두 제각기 다르다. 나무의 나이테는 그 나무가 살아온 시간이다. 한 해 한 해 쌓인 계절의 흔적이 담겨있다. 어떤 해는 비가 많아 넓게 자랐고, 어떤 해는 가뭄으로 좁게 자랐다. 이 결을 보면 그 나무가 견뎌온 시간이 보인다.

결이 모두 같다면 우리는 아름다움을 느끼지 못할 것이다. 차이가 있기에 대비가 생기고, 대비가 있기에 조화가 가능하다. 서로 다른 결이 어우러져 세상의 장엄한 아름다움을 만들어간다.

섬세-결의 흐름에 설 때 우리에게 질문이 솟는다. 우리는 어떤 결을 짜고 있는가? 우리의 작은 선택들, 관계들이 모여 어떤 무늬를 만들고 있는가? 그 결은 자신만의 고유한 아름다움을 담고 있는가? 나의 결은 다른 이들의 결과 어떻게 어우러지고 있는가?

♣ 나라는 존재에 관하여

정서의 전염에 대해 연구하는 한 상담가와 이야기를 나눈 적이 있다. 정서감염이란 한 사람의 감정 상태가 주변 사람들에게 퍼져 공명을 일으키는 현상이다. 그녀에 따르면 우리는 생각보다 훨씬 더 강하게 서로의 정서에 영향을 받는다. 심박수나 호흡의 리듬은 물론, 동공의 크기까지도 옆 사람과 동기화되는 경향이 있다는 것이다. 그녀는 이렇게 말한다.

"'나'라는 존재는 과연 무엇일까요? 나의 생각과 감정은 온전히 나만의 것일까요? 사실 나라는 존재 자체가 이미 주위 사람들에 의해 끊임없이 영향을 받고, 심지어 구성되고 있습니다."

— 하현주, 정서감염 연구자

우리는 너무 쉽게 '나'라는 경계를 절대적인 것으로 여긴다. 그러나 그 '나'는 어디서 시작되고 어디에서 끝나는가. 내 감정이 타인의 심장박동에 물들고, 내 호흡이 옆사람의 숨결과 맞춰진다면, 나라는 존재의 윤곽은 우리가 생각하는 것만큼 단단한 것은 아니다.

이 물음은 단지 심리학적 차원에 머물지 않는다.

현대물리학, 특히 양자역학은 존재의 상호의존적 성격을 말해준다. 물리학자 카를로 로벨리, 그는 《나 없이는 존재하지 않는 세상》에서 세계를 상호작용의 촘촘한 그물망으로 묘사한다. 그에 따르면 사물은 홀로 존재하지 않으며, 사물의 속성이란 다른 사물과 영향을 주고받는 방식일 뿐이다.

한 그루 나무가 태양빛으로 만든 산소를 마을 사람들이 마시고, 별들이 서로의 중력에 이끌려 움직이듯, 모든 존재는 관계 속에서만 자신을 드러낸다. 양자론은 바로 이러한 '존재가 서로를 드러내는 방식'에 대한 이론이라는 것이다.

"나 없이는 존재하지 않는 세상." 이 말은 곧 "너 없이는 존재하지 않는 나"라고도 할 수 있다. 어떤 대상도 고립된 채로는 존재하지 않는다. 존재는 반드시 다른 존재와의 관계 속에서만 드러난다.

이 사유는 2세기경 인도의 철학자 나가르주나[龍樹, 용수]가 설파한 '공空'의 통찰과 맞닿는다. 공이란 아무것도 없다는 허무가 아니다. 모든 것은 서로 기대어 존재한다는 뜻이다. 독립된 본질은 없으며 모든 존재가 관계와 상호의존의 그물망 속에 있음을 말한다. 존재는 본질이 아니라 관계다.

그렇다면, 나는 어디까지 '나'인가? 나라는 존재가 수많은 타자와의 만남, 응시, 공명 속에서 짜여진 것이라면, '나'라는 고유한 실체는 어디에 있었던 것일까?

여기서 우리는 옷감을 떠올릴 수 있다. 한 올의 실은 홀로 옷감을 이루지 못한다. 그러나 수많은 실이 서로 얽히고 교차하면서 직조될 때, 비로소 하나의 무늬와 결을 드러낸다. 존재 또한 이와 같다. 나는 독립된 실이 아니라, 다른 실들과의 얽힘 속에서 하나의 옷감을 이루고 있다. 내 안에 남은 타인의 흔적, 내가 건넨 호흡과 응답, 그 모든 것이 모여 '나'라는 직물을 빚는다.

기존의 서양적 세계관은 존재를 하나의 단단한 당구공처럼 바라보았다. 관계란 그 당구공들 사이를 이어주는 실 정도에 불과했다. 그러나 불교와 현대과학, 그리고 우리의 실제 경험이 가리키는 것은 다르다. 존재라는 당구공이 먼저 있고 관계가 뒤따르는 것이 아니라, 애초에 존재 자체가 관계다. 옷감을 보라. 날줄과 씨줄이 얽혀 있을 때 직물이 되지만, 그 연결이 풀리면 직물 자체가 사라진다. 나라는 존재 또한 그러하다. 나는 실체적 당구공이 아니라, 날줄과 씨줄로 직조된 옷감이며, 곧 관계 그 자체다.

그렇다고 옷감의 사유가 '나를 지우고 전체만 중시하라'는 다른 극단으로 우리를 몰아가지는 않는다. 옷감 안에서도 실들은 어떤 부분에서는 더 촘촘하게, 어떤 부분에서는 더 느슨하게 짜인다. 나는 짜여 있되 더 촘촘하고 높은 밀도를 가진 부분이며, 나의 가족 또한 그러하다.

그러므로 나와 내 가족을 먼저 돌보려는 마음은 자연스러운 이치다. 다만 문제가 되는 것은, 그 고밀도의 애착이 바깥으로 이어진 더 넓은 연결—이웃과 공동체, 더 멀리 우주와의 연결—을 끊어 버릴 때다. 자기 스스로를 커다란 옷감에서 떼어내려 할 때, 그것은 더 이상 옷감의 일부가 아니라 풀어진 실뭉치가 되어버린다.

나와 가족을 소중히 하되, 그 결이 다른 결들과 겹치고 스며들 때, 우리는 자신을 소중히 하면서도 세계와 함께 존재할 수 있다. 촘촘함과 느슨함이 함께 있을 때, 옷감은 아름답고 튼튼하다. 나라는 존재도 그러하다.

♣ '결'이라는 말: 보이는 표면을 넘어선 살아 있는 짜임

한국어에는 '결'이라는 아름다운 단어가 있다. 나뭇결, 물결, 살결, 마음결. 이 짧은 한 음절의 단어는 생명의 조직감과 흐름, 감촉, 분위기, 그리고 관계의 짜임까지 함축하고 있다. "그녀의 마음결이 곱다"는 정서적 상태와 경향성을, "이 옷감의 결이 부드럽다"는 질감의 고움을 나타낸다.

결은 표면적인 형태뿐만 아니라, 그 안을 흐르는 보이지 않는 질서와 리듬이다. 존재의 결을 느낀다는 것은 단지 어떤 사물을 본다는 것이 아니라, 그것이 어떤 방식으로 형성되어 왔고 어떻게 살아 움직이는지를 감지하는 일이다.

한국어 '결'의 독특함은 다른 언어와 비교해볼 때 더욱 명확해진다. 영어의 'pattern'은 구조적이고, 'texture'는 감각적이다. 'grain'이나 'weave'도 일부 의미를 전달하지만, 결의 존재론적 깊이와 관계성을 온전히 담지는 못한다. 이처럼 '결'은 물리적 질감을 넘어선 살아 있는 짜임, 관계적 질서를 의미하는 고유한 개념이다. 이러한 결의 독특하면서도 다의적인 의미를 담아낼 수 있는 다른 단어는 아직까지는 찾지 못했다.

♣ 토대를 넘어선 사유

서양철학은 '토대'를 찾는 데 집중해왔다. 플라톤의 이데아, 데카르트의 이성, 칸트의 선험적 범주 등. 20세기 철학은 이러한 고정된 토대에 의문을 던졌다. 서양철학뿐 아니라 동아시아 사상에서도 불변하는 원리를 찾으려는 경향이 있었다. 변하지 않는 진리, 영원한 법칙을 향한 동경이었다.

'결'은 정태적인 본질이 아니라 동태적인 짜임이고, 고정된 원리가 아니라 구체적인 만남과 엮임의 결과다. 결은 토대가 아니지만 허무한 해체도 아니다. 고정불변한 진리는 아니지만 정보에 질서를 가져온다.

세상의 변화 속도를 보자. 1920년대 라디오가 미국 가구의 절반에 도달하는 데 38년이 걸렸다. 2022년 출시된 ChatGPT는 2개월 만에 사용자 1억 명을 모았다. 세상이 세대 단위가 아니라 몇 주 만에 변모하고 있다.

과거에는 반복되는 패턴을 찾아내는 것이 곧 성공의 비결이었다. 산업사회에서의 효율적 생산, 규칙적인 경기순환, 안정된 소비 패턴이 그러했다. 하지만 지금은 그 패턴이 너무 짧게 나타났다 사라지고, 다시 전혀 다른 모습으로 바뀐다.

♣ 변화의 시대와 결

인공지능, 기후위기, 팬데믹, 새로운 플랫폼. 예측할 수 없는 사건이 연속적으로 발생한다. 더 이상 '패턴'을 모방하는 것만으로는 성공할 수 없다. 중요한 것은 변화의 '흐름', 곧 살아 있는 '결'을 감지하고 그 리듬에 맞추어 대응하는 일이다.

K-문화의 성공에는 여러 요인이 있지만, 그 중 하나는 변화의 결을 민감하게 감지한 것이다. 기획사와 아티스트들은 기존의 문화 패턴을 모방하지 않았다. 빠르게 변하는 세계의 흐름 속에서 팬들의 참여, 소셜미디어의 확산, 스트리밍의 속도를 민감하게 감지했다. 그 결을 타고 나아가 새로운 흐름을 만들어 냈다. 공급자에서 수요자로, 수직에서 수평으로 이동하는 문화의 큰 흐름 속에서 K-팝은 하나의 직물처럼 촘촘히 짜이며 성장했다. K-문화의 성공은 패턴을 답습한 것이 아니라, 변화의 결을 읽어내고 그 흐름 속에 몸을 실었기 때문에 가능했다.

결은 토대주의가 원하는 안정성과 반토대주의가 열망한 유동성을 동시에 수용할 수 있는 가능성을 연다. 고정된 본질이 아니라 형성된 리듬, 관계 속의 질서, 살아 있는 조직감이다.

♣ 결을 느끼기 위하여

그렇다면 결을 감지한다는 것은 구체적으로 무엇을 의미하는가? 이것은 특별한 재능이 아니라 주의를 기울이는 연습이다.

대화할 때 상대의 말뿐 아니라 목소리의 높낮이와 리듬을 듣는다. 자연 속을 걸을 때 풍경뿐 아니라 바람의 변화를 감지한다. 호흡이 감정에 따라 어떻게 변화하는지 느껴본다.

이런 작은 주의들이 모여 결을 읽는 감각이 된다. 물결을 보라. 파도는 계속 밀려오지만, 같은 파도는 두 번 오지 않는다. 리듬은 있지만 똑같은 반복은 없다. 이것이 결이다.

미래는 더욱 빠르게 변할 것이다. 그 속에서 우리에게 필요한 것은 변하지 않는 토대가 아니라, 변화의 결을 읽어내는 감각이다. 고정된 진리가 아니라, 살아 있는 짜임을 느끼는 능력이다. 결을 느낄 때, 우리는 변화 속에서도 길을 잃지 않는다. 왜냐하면 길은 고정된 것이 아니라, 걸으며 만들어지기 때문이다.

❖ 결을 지닌 존재

우리는 누구일까? 내가 품은 생각은 정말 '나의' 것일까? 아침에 고른 옷, 점심에 선택한 메뉴, 저녁에 본 영화. 이것들은 정말 '나의' 선택일까? 나는 과연 자유로운가?

프랑스 사회학자 피에르 부르디외는 말한다. "당신은 스스로 생각하는 것만큼 자유롭지 않다." 우리의 취향, 말투, 심지어 걷는 방식조차 사회가 몸에 새긴 흔적이다. 이것이 바로 아비투스habitus다.

아비투스는 단순한 습관이 아니라 사회 구조가 몸을 관통하며 새긴 경향성이다. 우리는 가정과 학교, 사회 속에서 무의식적으로 길들여진다. 그리고 그 길들여진 방식을 자연스러운 선택이라고 착각한다. '자기다움'마저 사실은 계급, 교육, 문화 자본이 만들어낸 그림자일 수 있다.

흥미롭게도 이러한 서구 사회학의 통찰은 동양의 고대 지혜와 만난다. 불교의 핵심 개념인 행[行, saṅkhāra]과 놀랍도록 닮아 있다. 행은 단순히 '행동'이 아니라 과거의 업과 경험이 쌓여 형성된 조건적 흐름이다. 인간의 마음은 고정된 실체가 아니라, 축적된 경향성 속에서 계속 흘러가는 형성물이다. 그러므로 지금의 나는 조건들이 빚어낸 결과이자 흐름이다.

부르디외와 불교는 서로 다른 길을 걸어왔지만, 인간을 하나의 자율적 주체라기보다 형성되고 흘러가는 존재로 본다는 점에서 닮아 있다. 그러나 결정적 차이도 있다. 아비투스는 사회 구조 속에 깊이 뿌리내려 있어 벗어나기 어렵다. 해방은 희박한 예외처럼 보인다.

반면 불교의 행은 수행을 통해 자각할 수 있고, 그 자각은 자동적 반응을 멈추게 하며 새로운 길을 낼 수 있다. 화를 내는 습관, 욕망에 이끌리는 경향성. 이 모든 것이 행이지만, 명상과 알아차림을 통해 그 패턴을 보고, 그 사이에 멈춤을 둘 수 있다. 바로 그 틈에서 자유의 가능성이 열린다.

결은 존재에 새겨진 문양이자 궤적이다. 말투와 눈빛, 사유의 방식. 하지만 결은 고정된 것이 아니다. 다른 결과 얽히며 새로운 문양을 만든다. 사회가 새긴 굵은 흔적도, 무의식의 경향성도 자각이라는 실을 만나면 다시 짜일 수 있다. 내가 왜 이렇게 반응하는지, 내 취향이 어디서 왔는지, 내 두려움의 뿌리가 무엇인지. 이것을 자각하는 순간, 우리는 그 결을 단지 받아들이는 것이 아니라 다시 짜기 시작할 수 있다.

케데헌에서 루미도 자신의 문양을 받아들였다. 하지만 그것에 멈추지 않았다. 자신의 목소리와 춤으로 새로운 혼문을 만들어 냈다.

우리 존재는 결을 가지고 태어난다. 그러나 그것을 단순히 주어진 운명으로 남겨둘 필요는 없다. 삶은 흐르며 직조되고, 우리는 그 결을 자각할 수 있다. 무엇보다도, 우리는 새로운 결을 짜 나갈 수 있는 존재다.

❖ 바라봄과 연결

우리는 오랫동안 연결에 대해 이야기해왔다. 이제 한 걸음 더 들어가 물을 수 있다. 어떻게 하면 더 깊이 연결될 수 있을까? 그 연결을 어떻게 알아차릴 수 있을까?

수행에서 철학과 삶의 실천은 분리되지 않는다. 생각은 몸에서 비롯되고, 지식은 삶 속에서 지혜로 익어간다. 명상은 머리로 생각하는 일이 아니라, 있는 그대로를 바라보는 훈련이다. 평소 우리의 의식은 바깥으로 향해 있다. 끊임없이 무엇인가를 좇는다. 명상은 그 주의를 안으로 돌려 호흡을 바라보게 한다. 들고 나는 숨결, 그 리듬이 온몸에 퍼지는 감각. 이어서 몸의 감각, 감각에 덧붙는 느낌, 그리고 마음의 움직임을 지켜본다. 그러다 보면 나는 어느새 나 자신과 더 가까이 연결되어 있다.

〈염처경〉에는 이런 가르침이 있다. "몸을 안팎으로 관찰하고, 느낌을 안팎으로 관찰하고, 마음을 안팎으로 관찰하라."

'안'은 나 자신일 것이다. 그렇다면 '밖'은 무엇일까? 그것은 타인, 다른 존재이다. 명상은 나 자신을 바라보는 일에서 출발하지만, 결국 타인의 몸과 마음까지도 함께 바라보는 자리로 나아간다. 타인의 내면은 직접 볼 수 없지만, 자기 마음을 오래 지켜본 사람은 비슷한 상황에

놓인 타인의 마음을 더 깊이 짐작할 수 있다. 그것은 단순한 추측이 아니라, 체험 속에서 길어 올린 직관이자 깊은 연결의 감각이다. 그래서 명상에서 나올 때 세상이 달리 보인다. 길가의 풀잎 하나, 바람결, 나무 위의 작은 새도.

연결은 이론이 아니다. 살아 있는 몸으로 체험하는 것이다. 존재와 인식, 윤리는 바라봄의 실천 속에서 하나로 이어진다. 수행은 마음을 평온하게 하고 섬세한 인식을 가능하게 한다[인식의 변화]. 이것이 지속되면 더 미세한 연결을 인식할 수 있는 존재가 된다[존재의 변화]. 그리고 이러한 존재는 결코 다른 사람을 해하는 일을 하지 않으려 한다[윤리의 변화].

이러한 윤리적 삶은 다시 고요하고 평온한 삶으로 이어진다. 평온한 삶은 섬세한 인식을 낳고, 그 인식의 숙성은 다시 존재의 변화로 이어진다. 이처럼 끊임없이 순환한다. 철학에 오랜 장막처럼 세워져 있던 존재와 인식, 윤리의 벽이 투명해지는 순간이다.

과학적 연구도 이를 뒷받침한다. 명상을 오래 한 사람은 전전두엽의 회백질이 더 두껍고 촘촘하다. 전전두엽은 인식과 의사결정, 윤리적 행동에 관여하는 영역이다. 수행이 우리 존재를 연결을 더 잘 자각하는, 동시에 더 윤리적인 존재로 변화시키는 것이다.

명상은 결을 자각하는 강력한 방법이다. 그러나 유일한 방법은 아니다. 어떤 이는 춤을 추며, 어떤 이는 글을 쓰고, 어떤 이는 나무를 다듬으며 같은 자각에 이른다. 중요한 것은 방법이 아니라 주의를 기울이는 것, 현재에 깨어 있는 것이다.

우리는 이를 통해 더 깊이 연결된 존재가 되고, 더 섬세한 결을 알아차리게 된다. 그 알아차림은 개인의 삶을 바꾸고, 개인이 모여 이루는 사회와 문명의 무늬까지도 서서히 바꾸어 놓는다. 우리의 삶은 날마다 새로 짜여지는 직물이며, 맑게 깨어있음은 그 옷감에 새로운 결을 더해가는 길이다.

❋ 거침을 포용한 섬세함이 진정한 섬세함

섬세함을 추구하는 길을 걷다 보니, 어느새 거침에 대한 저항이 내 안에 자라고 있었다. 날선 말들, 거친 몸짓들이 눈에 거슬렸고, 소음과 냄새마저 피하고 싶어하는 자신을 발견했다. 마치 부드러운 것만이 아름다운 것인 양, 거친 것들을 밀어내려 했다.

그러던 여름, 오대산 자락에서 일주일간 침묵 속에 머물렀다. 함께 가져간 책은 박태원 교수님의 《원효-하나로 만나는 길을 열다》였다. 하루 종일의 수행을 마치고 숙소에 돌아와 침대에 누워 그 책을 읽다가 잠에 빠져들곤 했다. 원효 스님의 사유가 너무도 깊어서, 베개 옆에 책을 나란히 두고 잠들었다. 혹시라도 꿈결에서 스님이 나타나 미처 이해하지 못한 것들을 속삭여 주시기를 바라는 간절한 마음이었다.

하지만 하나 이해되지 않는 것이 있었다. 원효 스님이 깨닫지 못함, 즉 '불각不覺'을 긍정적으로 바라보시는 것이었다. 세상의 혼란과 갈등이 모두 무지에서 비롯되는데, 어찌하여 그 깨닫지 못함마저 그토록 따스하게 품으실 수 있을까?

그런데 신기한 일이 일어났다. 어느 아침, 수행을 마치고 카이스트 명상과학연구소 김완두 소장님의 법문을 듣는데, 뜻밖에도 원효 이야기를 꺼내시는 것이었다. "세상을 이분법적으로 보지 않았다면 현대 과학은 발전할 수 없었을 것입니다." 그 말씀을 듣는 순간, 원효 스님의 불각 긍정이 새롭게 다가왔다.

그렇다. 만약 깨달음만 있었다면, 세상은 지금의 모습으로 내게 나타나지 않았을지도 모른다. 온갖 모순과 불완전함들이 실은 삶을 풍성하게 하는 색깔들이었던 것이다. "세상의 모든 것이 깨달음의 현현이다"라는 말이 이토록 생생하게 느껴진 적이 없었다.

이 깨달음은 거침에 대한 나의 태도를 바꾸어 놓았다. 거침이 없다면 섬세함도 없다. 빛이 있기에 그림자가 의미를 갖듯, 거침이 있기에 섬세함이 아름다운 것이다.

케데헌에서도 헌트릭스 멤버들은 부드러움과 함께 강인함을 품고 있다. 그러나 그 강함조차 환한 빛 속에 녹여 품을 수 있다. 진정한 부드러움이란 강함을 품은 부드러움이다.

진정한 섬세함이란 거친 것들을 배제하는 것이 아니라, 그것들마저 온전히 품는 것이다. 거침과 섬세함을 대립으로 보지 않고, 더 높은 차원에서 하나로 바라보는 것이다. 거친 세상을 부드럽게 어루만지되, 그 거침 자체를 거부하지 않는 것. 이것이 섬세함의 참모습이다.

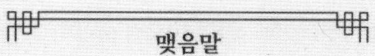

맺음말

함께 입는 우주의 옷

케이팝 데몬 헌터스는 단순한 영화가 아니다. 그것은 K-문화의 심장을 비추는 거울이며, 오늘의 세계가 한국에서 발견하고 있는 새로운 감각을 상징한다. 스크린 속에서 작은 디테일들이 빛을 발하며, 그 미세한 결들이 서로 맞물려 직조되는 순간, 우리는 문화가 단지 오락이 아니라 존재를 드러내는 방식임을 본다.

영화 속 케데헌의 서사는 환상과 현실을 넘나들지만, 그 밑바닥에는 우리가 오래도록 지녀온 섬세한 감수성이 흐른다. 작은 것이 세상을 움직이고, 부드러움이 강인함을 품으며, 연결이 곧 존재의 본질임을 알려주는 그 감각.

이것은 곧 K-문화 전체의 흐름이기도 하다. K-팝의 음악, K-드라마의 서사, 그리고 무대와 화면을 넘어 전해지는 팬덤의 열정까지. 그 모든 것이 단순한 문화 현상을 넘어 세계 곳곳에 잔잔히 스며든다. 웅장한 스케일이나 자극적인 힘이 아니라, 세심한 디테일과 조화로운 직조, 그리고 서로를 따스하게 보살피는 감각으로 세계인의 마음에 가 닿는다. 그렇기에 K-문화는 일시적 유행이 아니라, 세계 문명이 스스로를 새롭게 발견하는 통로가 된다.

그리고 K-문화의 뿌리를 조금 더 깊이 들여다보면, 그 안에는 한국의 사유가 흐르고 있음을 알 수 있다. 원효의 화쟁 사상이 일깨운 차이 속의 어울림, 불교의 연기와 공이 가르쳐준 상호의존의 진실, 조선 성리학이 보여준 질서와 기운의 조화, 그리고 우리가 오래도록 '결'이라 부르며 소중히 지켜온 감각들. 이 사유들은 책 속의 개념으로만 머무르지 않고, 노래와 춤, 문양과 이야기 속에 살아서, 오늘의 K-문화에 다시 꽃피고 있다. 세계가 한국을 바라볼 때 느끼는 '섬세함'은 바로 이러한 뿌리에서 길러진 것이다.

결국 우리는 모두 우주의 직물 속에 함께 짜여 있는 존재다. 나는 홀로 선 당구공이 아니라, 날줄과 씨줄처럼 관계 속에서만 살아 움직이는 옷감이다. 가족, 친구, 공동체, 그리고 아직 만나지 못한 타인들까지. 모두가 한 벌의 옷을 함께 입고 있는 동반자다. 이 옷은 눈에 보이지 않지만, 우리가 서로에게 건네는 말과 시선, 음악과 이야기 속에서 은밀히 빛난다.

지금의 세계는 희망적이면서도 동시에 절망적이다. 과학기술, 특히 스마트폰의 보급으로 세상은 그 어느 때보다 촘촘히 연결되었다. 그러나 역설적으로 사람들 사이의 혐오와 갈등은 오히려 심화되고 있다. 물리적으로는 긴밀히 연결되었지만, 정작 마음은 연결되지 못한 탓이다. 잘 깔린 네트워크망을 타고 컴퓨터 바이러스가 퍼져 나가듯, 우리의 관계도 오히려 상처를 넓히고 있는 셈이다.

이 시대에 절실히 필요한 것은 물리적 연결에 걸맞은 정신의 연결, 곧 마음의 연결일 것이다. 하드웨어에 상응하는 소프트웨어가 필요하듯, 지금 우리에게는 사유와 철학이 필요하다. 실과 옷감의 이미지를 바탕으로 한 사유는, 서로 갈라진 마음을 다시 꿰매고 이어주는 지혜가 될 수 있지 않을까.

K-문화와 그 안에 깃든 한국의 사유가, 이 우주의 옷을 조금 더 섬세하고 부드럽게, 그리고 평화롭게 만들어 가기를. 우리가 함께 입고 있는 이

옷이 서로를 찌르지 않고, 따뜻한 결로 서로를 감싸기를. 인류가 직조해 가는 거대한 직물 속에서, K-문화의 결이 작은 빛이 되어 흐르기를.

케이팝 데몬 헌터스에서 시작하여 문화와 사유로 이어진 이야기는 결국 우리 모두의 이야기다. 그것은 한 나라의 문화가 아니라, 인류가 서로의 다름을 꿰매고 어울리며 새로운 옷을 지어가는 과정의 일부다. 그 옷이 언젠가 더 온화하고 평화로운 문명의 상징이 되기를 기원한다.

어느 여름저녁, TV화면에서 시작된 여정이 끝나간다. 우연한 인연이 준 실마리를 따라 긴 길을 걸었다. 이 여정을 함께 해 주신 독자분들에게 깊은 감사를 드린다.

우리 모두는 우주의 옷을 함께 입고 있는 존재다. 서로가 서로에게 스며들고 있으며 함께 새로운 옷감을 짜나가고 있다.

더하는 말
1

율곡이이의 격몽요결에서 배우는 삶의 지혜

더하는 말 1

| 율곡이이의 격몽요결에서 배우는 삶의 지혜 |

이 책을 쓰면서 오래된 지혜를 찾아 헤맸습니다. 섬세함이란 무엇인지, 어떻게 살아야 하는지에 대한 단서들을 찾고 싶었습니다. 그러다 만난 것이 율곡 이이의 격몽요결이었습니다.

16세기에 쓰인 책이지만, 그 안에서 지금 우리가 필요로 하는 것들을 발견했습니다. 뜻을 세우는 것, 낡은 습관을 끊는 것, 말을 절제하는 것, 스스로를 돌아보는 것. 이이가 전한 가르침들은 거창한 이론이 아니라 일상에서 실천할 수 있는 구체적인 지혜였습니다.

이 부록에서는 격몽요결의 내용 중 제례와 같은 부분은 제외하고, 현대를 사는 우리에게 도움이 될 만한 부분들을 선별하여 소개합니다. 수백 년의 시간을 건너온 이 말들이, 오늘을 사는 우리에게도 여전히 울림을 주기를 바랍니다.

 격몽요결이란

격몽요결은 조선시대 대표적 학자 율곡 이이가 쓴 책이다. 제목의 '격몽擊蒙'은 어리석음을 깨친다는 의미이고, '요결要訣'은 핵심이 되는 비결을 뜻한다. 이 책은 배움을 시작하는 이들을 위한 안내서로 쓰였다.

이이는 왜 이 책을 썼을까.

율곡이 바닷가 산 양지바른 곳에 거처를 정했을 때, 한두 명의 젊은 학생들이 그를 따라와 배움을 청했다. 율곡은 자신이 과연 스승이 될 만한 사람인지 부끄러웠다. 한편으로는 이런 걱정도 들었다. 배우기 시작한 이들이 올바른 길을 모른 채, 깊이 생각하지 않고 겉만 훑듯 배운다면, 그것은 서로에게 도움이 되지 않을 것이었다.

그래서 율곡은 간단한 책 한 권을 지었다. 뜻을 세우는 것, 몸을 바르게 하는 것, 사람을 대하는 법 등 삶과 배움의 기본에 관해 꼭 필요한 것들을 담았다. 석 달 만에 책을 완성하고 이름을 격몽요결이라 지었다.

1 뜻을 세우다

처음 공부를 시작하는 사람은 먼저 큰 뜻을 세워야 한다. 반드시 성인이 되겠다고 스스로 다짐해야 한다. 조금이라도 자신을 낮춰보는 마음을 가져서는 안 된다.

보통 사람과 성인의 본성은 같기 때문이다. 타고난 기질에 맑고 흐림, 순수함과 잡됨의 차이는 있을지라도, 오래된 습관을 벗어버리면 오염되지 않은 본래 맑은 성품을 회복할 수 있다.

그렇다면 우리가 어찌 성인을 목표로 삼지 않을 수 있겠는가?

늘 스스로에게 이렇게 물어야 한다. "사람의 본성은 본래 선하다. 옛 사람과 지금 사람, 지혜로운 이와 어리석은 이 사이에 본래 차이가 없다. 그렇다면 성인은 어찌하여 성인이 되었고, 나는 어찌하여 평범한 사람으로 머물러 있는가?" 그 까닭은 다만 뜻을 세우지 않았기 때문이다. 뜻을 세우고 깊이 실천하는 것은 모두 나에게 달려 있다.

사람의 얼굴은 못생긴 것을 아름답게 바꿀 수 없다. 체력은 약한 것을 강하게 만들 수 없다. 키는 이미 정해진 것이라 바꿀 수 없다. 그러나 마음과 뜻만은 다르다. 어리석음을 지혜로 바꿀 수 있고, 덕 없음을 어짊으로 바꿀 수 있다.

지혜보다 아름다운 것이 없고, 어짊보다 귀한 것이 없다. 이 뜻을 지니고 굳게 물러서지 않는다면, 바라는 바에 가까워질 것이다.

뜻을 세웠다고 하면서도 바로 힘써 실천하지 않고 미루며 머뭇거리는 사람이 있다. 이는 이름만 뜻을 세웠을 뿐, 실제로는 진심이 없기 때문이다. 뜻을 세우는 데 중요한 것은 다만 그것을 실천하는 일이다.

② 낡은 습관을 극복하다

사람이 비록 뜻을 세웠다 하더라도, 끝내 성취하지 못하는 것은 오래된 습관이 그것을 가로막기 때문이다.

오래된 습관의 종류를 아래에 적는다. 뜻을 굳게 세워 단호히 끊어내야만 한다.

- 오직 한가하고 편안함만 좇아 절제를 싫어하는 게으른 습관이다.
- 고요함을 지키지 못하며, 이리저리 들락거리며 잡담으로 하루를 보내는 습관이다.
- 같음은 좋아하고 다름은 미워하여, 자신이 남들과 다르게 될 것을 두려워하는 습관이다.
- 한가한 사람들과 모여 놀며, 하루 종일 배부르게 먹고, 불필요한 경쟁과 다툼에 힘을 쏟는 습관이다.
- 욕심을 절제하지 못하며, 재물과 이익, 여색의 즐거움을 과하게 탐하는 습관이다.

마음을 해치는 습관은 그 밖에도 셀 수 없이 많다. 이런 습관들은 사람의 뜻을 굳지 못하게 하고 행실을 성실하지 못하게 한다. 오늘 고친다 해도 내일이면 다시 옛 습관이 돌아오고, 아침에 후회하고 저녁에는 또 반복하게 만든다.

그러므로 반드시 큰 용기와 굳센 뜻을 일으켜야 한다. 마치 한 자루 칼로 뿌리째 단숨에 베어내듯, 마음의 밭을 깨끗이 씻어 한 오라기라도 남은 흔적이 없게 해야 한다.

③ 의심과 분노를 다스리다

　의심이 일어나면 질문할 것을 생각하라. 마음속에 의심이 있으면 반드시 먼저 이해한 사람에게 자세히 물어서 모르는 것을 그대로 내버려두지 않는다.

　화가 날 때는 그 해로움을 생각하라. 화가 날 때는 반드시 스스로 경계하고 이성으로써 이겨 내야 한다. 배움은 날마다의 일상 행실 속에 있다.

④ 말과 생각을 절제하다

　말이 많고 생각이 많은 것은 마음에 가장 해롭다. 일이 없을 때에는 마땅히 고요히 앉아 마음을 보존하고, 사람을 대할 때에는 말을 가려서 무겁게 하며, 때를 맞추어 말하라. 그러면 말이 자연히 간략해질 수밖에 없다. 말이 간략하면 도에 가깝다.

⑤ 몸가짐을 바르게 하다

　술을 마실 때에는 취하지 말고, 서로 두루 통하는 정도에서 그치면 된다. 무릇 음식은 알맞게 먹고, 과하게 먹어 기운을 해치지 않는 게 좋다. 말하고 웃는 것은 간략하게 하며, 도를 넘어 시끄럽게 떠들지 말라. 행동은 편안하고 침착해야 하고, 거칠고 경솔하여 예의에 벗어나면 안 된다.

6 스스로를 돌아보다

마음이 마치 푸른 하늘과 대낮처럼 밝아 부끄러움이 없게 하라. '천하를 얻을 수 있는 일이 있다해도 불의나 다른 이를 해하는 일은 하지 않는다'는 뜻을 늘 가슴속에 간직하라.

매일 자주 스스로를 점검하라. 마음이 잘 보존되었는가? 배움이 나아가지 않았는가? 실천이 부족하지는 않았는가? 잘못이 있으면 고치고, 없다 하더라도 안주하지 말고 앞으로 나아가라. 이러한 성찰의 노력은 게으르지 말게 하며, 죽을 때까지 그쳐서는 안된다.

7 가정 운영의 도리

헛된 지출을 줄이고 사치를 금하며, 언제나 약간의 잉여를 남겨 뜻밖의 일을 대비하라.

형제는 부모에게서 물려받은 몸을 함께 받은 사이이니, 나와 한 몸처럼 아껴야 한다. 요즘 형제가 서로 사랑하지 않는 것은 부모를 사랑하지 않기 때문이니, 부모를 사랑하는 마음이 있다면 어찌 부모의 자식인 형제를 사랑하지 않겠는가.

형제에게 좋지 못한 행실이 있으면, 정성을 쌓아 충심으로 알려주고, 차근차근 이치로 깨우쳐 깨달음을 바라되, 성급히 험한 얼굴과 거친 말로 대하여 화목을 잃게 해서는 안 된다.

가깝고 정답게 지내면서도 서로 공경하는 부부가 드물다. 남편은 온화하면서도 의로써 대하고, 아내는 부드러우면서도 올바른 도리로 대하여야 집안일이 잘 다스려진다. 만약 이전부터 서로 막대하던 사이였는데 하루아침에 서로 공경하려 들면 어렵다. 이를 경계하여 반드시 지난 습관을 버리고, 점차 서로 예의로 대하는 방향으로 나가야 한다.

8 진실한 벗과 사귀라

벗을 사귈 때에는 배우기와 선을 좋아하고, 바르며 진실한 사람을 반드시 택하라. 그와 함께 지내며 충고를 감사하게 받아, 나의 허물을 고치는 데 쓰라.

만약 게으르고 놀기만 좋아하거나, 아첨하고 정직하지 않은 자라면 사귀어서는 안 된다.

마을 사람 중에도 선한 이와는 반드시 사귀어라. 그러나 선하지 못한 이라도 험담으로 그 추함을 떠벌려서는 안 된다. 전에 아는 사이였더라도 만나면 안부만 나누고 다른 말은 하지 말라. 그러면 자연히 서서히 멀어지고, 원망이나 성냄에 이르지 않는다. 같은 소리는 서로 화답하고, 같은 기운은 서로 찾는다.

9 비방을 대하는 법

누가 나를 헐뜯으면, 반드시 돌아와 스스로 반성하라. 내게 정말 헐뜯을 만한 행실이 있으면, 스스로 책망하고 고치기를 주저하지 말라.

내 허물이 지극히 미미한데, 상대가 부풀려 덧붙였다면, 그 말이 지나치더라도, 내게 비방을 살 씨앗이 있는 것이니, 마땅히 이전 허물의 싹을 뿌리째 도려내고 털끝만큼도 남기지 말라. 내가 본디 허물이 없는데 꾸며낸 거짓말이면, 그는 망령된 사람에 지나지 않는다. 그런 자와 진위를 다툴 필요가 어디 있겠는가.

이와 같이 하면, 비방이 오더라도 있으면 고치고, 없으면 더 힘쓰면 되니, 모두 나에게 유익하다.

10 아이를 대하는 마음

어린아이와 함께할 때에는 정성을 다해 효도, 우애, 신뢰의 도리를 전하여 그들에게 착한 마음의 씨앗을 심어주어야 한다. 늘 온화·공손·자애로 사람을 이롭게 하고 도우려는 마음을 가지라.

더하는 말
2

일상에서 섬세함을 실천하는 법

더하는 말 2

| 일상에서 섬세함을 실천하는 법 |

여기까지 함께 걸어오시느라 고생 많으셨습니다. 지금까지 한국문화에 담긴 섬세함에 대해 이야기를 나누었습니다. 이제 그것을 어떻게 일상에서 실천할 수 있을지 구체적인 방법들을 소개하려 합니다. 하지만 조심스러운 마음이 듭니다. 혹시 이 목록들이 또 하나의 '해야 할 일'로 느껴져 부담이 되지는 않을까 하는 걱정 때문입니다.

이미 바쁜 일상에 무언가를 더 얹어놓는 것처럼 보일까 봐 염려됩니다. 그래서 말씀드리고 싶습니다. 아래에 제시한 것들을 모두 다 하려고 애쓸 필요는 없습니다. 그저 편안한 마음으로 읽으시면서, 자신에게 자연스럽게 다가오는 것 한두 가지를 골라 시작하시면 됩니다. 마치 산책길에서 예쁜 돌멩이 하나를 주워 품에 넣듯이요. 섬세함은 의무나 과제가 아닙니다. 삶을 조금 더 깊이 느끼고, 조금 더 온전히 살아가기 위한 초대입니다.

1 감각을 깨운다

♣ 작은 것들에 관심을 기울인다

마치 태어난 아기가 세상 모든 것이 신기하듯이 일상에서 지나치는 것들을 새롭게 바라본다. 길가에 피어난 꽃, 늘 마주치는 사람의 표정. 우리는 생각 속에 빠져 산다. 그리고 그것을 머리 속에서 이미지와 언어로 반복 재생하고 있다. 그 생각 속에서 빠져나와 현실로 돌아오는 것. 그 시작은 내게 다가오는 감각을 마치 새로운 손님처럼 맞이하는 것이다.

♣ 호흡의 결을 느낀다

코끝으로 공기가 들어오는 감각. 차가운 공기가 들어와 따뜻한 공기로 나간다. 숨이 들어올 때 배가 부풀어 오르고, 나갈 때 가라앉는다. 이 단순한 움직임을 있는 그대로 느낀다. 호흡에도 결이 있다. 긴장했을 때의 호흡, 편안할 때의 호흡, 슬플 때의 호흡, 기쁠 때의 호흡. 모두 다른 결을 가지고 있다. 호흡의 결을 알아차리면 지금 내 마음 상태를 알 수 있다.

♣ 걸으며 발바닥을 느껴본다

발바닥이 땅에 닿는 순간. 뒤꿈치가 먼저 닿고, 무게가 발바닥 전체로 이동하고, 발가락으로 지면을 밀어낸다. 한 걸음 한 걸음이 수많은 미세한 움직임의 조화다. 감각에 집중하면 생각은 적어진다. 생각은 적어질수록 더 선명하고 명료해진다.

♣ 식사하며 다양한 맛과 질감을 느껴본다

첫 입에서 느껴지는 맛. 씹으면서 변화하는 맛과 질감. 삼킬 때 목을 타고 내려가는 느낌. 한 번의 식사 안에 수백 가지의 감각이 있다. 식사할 때뿐 아니라 잠시 커피를 마시는 시간을 활용할 수도 있다.

♣ 오감을 정원처럼 가꾼다

감각을 일깨우다 보면 점차 감각이 발달하게 된다. 차를 마실 때 그 차에 온전히 주의를 기울이다 보면 미세한 차이도 더 느낄 수 있다. 오감을 이런 방식으로 개발해 나가면 잠들어 있고 닫혀 있던 감각들이 활짝 열리게 된다.

2 변화를 관찰한다

세상에 변화하지 않는 것은 없다. 모든 것은 조금씩 변화하고 있다. 심지어 굳건하게 서 있는 것 같은 건물도 매일 조금씩 낡아가고 있다. 모든 것이 변화하고 있다는 것을 관찰을 통해 받아들이면 당연한 것은 없다는 것을 알게 된다. 내가 오늘 걸을 수 있는 것, 일을 하며 동료들과 지낼 수 있다는 것, 가족과 함께 식사를 할 수 있다는 것에 감사하게 된다. 이것은 모두 잠시 스쳐 지나가는 것이기 때문이다.

♣ 계절의 신호를 읽는다

자연은 가장 위대한 변화의 스승이다. 봄이 오면 새싹이 트는 에너지를 느껴본다. 땅을 뚫고 올라오는 작은 생명의 힘. 여름에는 뜨거운 햇살 아래 펼쳐지는 생명력을. 가을에는 나뭇잎이 색을 바꾸고 내려놓는 아름다움을. 겨울에는 고요함 속에서 다시 준비하는 침묵의 힘을. 첫 단풍잎을 발견하는 순간, 매화꽃이 처음 피어난 날, 첫눈이 내리는 저녁. 이런 신호들을 알아차리는 것은 고정된 사고의 틀을 점차 유연하게 바꾸어 준다.

♣ 반복 속에서 새로움을 발견한다

작고 변화하는 것들을 관찰하면 좋은 점 중 하나는 반복하는 것이 재미있어진다는 것이다. 어떤 것을 어느 수준 이상으로 해내기 위해서는 반복 훈련이 필수적이다. 하지만 그것은 지겹고 재미없게 느껴진다. 그런데 작고 변화하는 것을 관찰하고 그것을 감지하는 감각이 살아나면 반복 속에서 매번 새로운 것들을 발견하게 되고 그것은 특별한 재미를 준다. 늘 달리던 길가에 나뭇잎 색이 변화하는 모습, 하늘 풍경, 이번 달릴 때 느껴졌던 호흡과 심장 박동이 지난번과 어떻게 달라졌는지 등.

♣ 하루 중 시간에 따른 몸과 마음을 관찰한다

아침에 눈을 뜰 때의 몸 상태. 점심 식사 후의 에너지. 해가 질 무렵의 마음. 밤에 잠자리에 들 때의 감각. 같은 나 자신도 시간에 따라 다른 흐름을 가지고 있다.

♣ 현실에 발 딛은 낙관을 품는다

변화를 관찰하다 보면 알게 된다. 세상에 불가능해 보였던 것도 가능해짐을. 단지 시간과 인내가 필요하다는 것을. 예전에는 상상도 할 수 없었던 일들이 지금은 현실이 되었다. 세계는 우리가 생각하는 것보다 훨씬 더 역동적으로 변화한다. 변화를 섬세하게 관찰하는 사람은 조급하지 않다. 씨앗이 땅속에서 뿌리를 내리는 시간을 안다. 겨울이 지나야 봄이 오듯, 어떤 변화에는 기다림이 필요하다는 것을 안다.

그래서 쉽게 절망하지 않는다. 지금 보이는 것이 전부가 아니라는 것을, 보이지 않는 곳에서 무언가가 자라고 있다는 것을 안다. 이것이 현실에 발을 딛고 서 있는 낙관이다. 맹목적인 긍정이 아니라, 변화의 흐름을 읽고 그 안에서 가능성을 보는 것이다.

③ 나 자신에게 친절하게 대한다

다른 사람에게는 친절하기 쉽지만 정작 자기 자신에게는 차가운 경우가 많다. 명상의 정의 중 하나는 모든 존재에게 따스한 주의를 기울인다는 것이다. 그 출발은 자기 자신에게서 부터이다. 따스한 주의란 무엇인가? 이것의 반대말은 무관심 혹은 차가운 주의이다. 무관심은 아무런 주의를 기울이지 않는 것이다. 차가운 주의는 주의는 두지만 끊임없이 평가하고 비난하는 것이다. '넌 왜 그 모양이야?', '또 그랬네'라는 시선이다.

따스한 주의는 할머니가 손주를 바라보듯이 사랑 가득한 마음으로 바라보는 것이다. 나 자신에게 친절하고 따스한 주의를 보냈다면, 그 마음을 그대로 연장하여 다른 존재를 바라보는 것으로 연결할 수 있다.

✤ 자극에서 벗어나 맑은 마음을 회복한다

맵고 짜고 단 음식에 길들여진 사람은 건강에 좋은 평범한 음식을 맛없다고 느낀다. 술, 약물, 소비, 성적 탐닉, 도박 등 우리의 신경계를 흥분시켜 쾌감을 주는 자극에 길들여지면 소중한 일상이 밋밋하고 지겹게 느껴진다.

감각적 쾌락의 길로 들어서고 있다면 빨리 알아차리고 덤덤하지만 건강한 일상의 길로 돌아오는 것이 좋다. 자극적인 인스턴트 음식보다는 숙성되고 잘 발효된 음식이 몸에 좋듯, 잘 길들여진 성숙한 마음이 나와 다른 존재 모두에게 이롭다.

그 첫 연습으로는 호흡을 지켜보는 것이다. 호흡은 너무나 밋밋하고 평범해서 아무런 자극을 주지 않는다. 그런 대상에 의식을 두는 연습을 하다보면 자극만 찾아 방황하는 우리의 번잡한 마음을 고요하게 만들 수 있다.

④ 연결됨을 느낀다

홀로 존재하는 것은 없다. 모든 것은 다른 존재의 영향을 받고 있으며 또한 주고 있다. 내가 마시는 커피는 아프리카 혹은 베트남의 농민과 연결되어 있고, 내가 마시는 물은 어느 순간 하늘 위의 구름 속에 있었을 것이다. 이러한 연결과 순환을 떠올린다.

❖ 내 삶을 가능하게 하는 것들

아침에 일어나 하루를 시작할 수 있는 것은 수많은 연결 덕분이다. 전기를 공급하는 사람들, 도로를 관리하는 사람들, 식량을 재배하고 운반하는 사람들. 내가 숨 쉬는 공기는 나무들이 만들어준 것이고, 내가 입은 옷은 누군가의 노동으로 만들어진 것이다. 이런 연결을 느낄 때, 감사하는 마음이 생긴다.

❖ 아름다운 자연을 자주 접한다

절벽 끝에서 바라본 바다, 산 정상에서 내려다본 구름, 끝없이 펼쳐진 들판. 압도적인 자연 앞에 섰을 때 우리는 작아진다. 그런데 이상하게도 그 작아짐이 초라하지 않다. 오히려 이 거대한 세계의 일부라는 것을 온몸으로 느끼게 된다. 화랑들이 산천을 주유했던 이유도 심신단련과 함께 자신이 우주의 일부임을 느끼는 수행의 일부였을 것이다. 좋은 수행처는 아름다운 자연 속에 있는 경우가 많다. 넓은 하늘을 바라볼 수 있는 곳도 대부분이다. 우리 의식은 시선이 머무는 곳을 닮는다. 아름답고 넓은 곳을 바라볼수록 우리의 마음도 더 크고 자유로워진다.

❖ 좋은 사람과 함께 한다

사람이 바뀌는 것은 세 가지 경우뿐이라고 한다. 환경이 바뀌거나, 함께 시간을 보내는 사람이 바뀌거나, 습관이 바뀌거나.

그중에서도 가장 강력한 것은 함께하는 사람이다. 무언가 커다란 결심을 한다고 해서 자신이 스스로 변화하기란 쉽지 않다. 하지만 좋은 친구, 동료, 도반과 함께 시간을 지내다 보면 서서히 그에게 물들어가며 그를 닮아간다.

공자는 "벗이 있어 먼 곳에서 찾아오니 또한 즐겁지 아니한가"라고 했다. 소크라테스는 친구들과의 대화를 통해 진리를 찾았다.

붓다도 이렇게 말했다. 아난다가 "좋은 친구, 좋은 도반과 함께 하는 것은 청정한 삶의 절반에 해당한다"라고 하자, 붓다는 "그렇지 않다. 좋은 친구, 좋은 도반과 함께 하는 것은 청정한 삶의 전부에 해당한다"라고 답했다. '절반'이 아니라 '전부'라고. 그만큼 함께하는 사람이 중요하다는 뜻이다.

어떻게 하면 좋은 친구를 만나 오래 함께 머무를 수 있을까? 좋은 사람을 만나고 싶다면 먼저 좋은 사람이 되어야 한다. 좋은 사람은 좋은 사람을 알아본다.

5 결을 느낀다

♣ 나 자신의 고유한 결을 알아차린다

모든 존재는 다르다. 먼저 나 자신의 고유한 결을 느껴본다.

- 나는 어떤 사람일까?
- 나는 언제 가장 행복하고 기분이 좋은가? 특히 잔잔하게 지속되는 기쁨.
- 나는 언제 가장 기운이 빠질까?
- 어떤 상황에서 생각이 많아지고 안으로 침잠할까?

나를 관찰하다 보면 나에게 영향을 주는 원인과 조건들을 알게 되고 거기에 내가 반응하는 특정한 패턴을 알게 된다. 그것을 알아차리게 되면 그 다음 순간부터는 조금씩 자유로워질 수 있다. 어떤 조건하에서 경향성에 따라 주어진 반응이 나오려는 순간 알아차리고 새로운 반응을 선택하는 것이다.

♣ 나의 상처와 단점을 포용한다

나를 관찰하다 보면 보고 싶지 않은 것들도 보게 된다. 반복되는 나의 실수, 고쳐지지 않는 성격, 어린 시절부터 이어진 상처. 이것들을 마주하는 것은 고통스럽다. "나는 왜 이럴까?"라는 자책 대신, "내가 이렇게 반응하는 이유는 무엇일까?"라는 호기심으로 바라본다. 상처는 과거의 어느 시점에 나를 보호하기 위해 만들어진 것이다. 그때는 필요했던 방어막이다.

❖ 단점의 이면을 본다

모든 단점에는 이면이 있다. 우유부단함의 이면에는 신중함이 있고, 고집의 이면에는 소신이 있다. 내 단점을 있는 그대로 바라보되, 그것이 어떤 조건에서는 장점이 될 수 있음을 안다.

상처를 발전의 에너지로 전환한다.

상처를 단순히 받아들이고 끝나는 것이 아니다. 그것을 이해하고, 거기서 배우고, 성장의 씨앗으로 삼는다. 어린 시절 인정받지 못했던 경험이 있다면, 그 아픔을 아는 사람이 되어 다른 사람을 더 따뜻하게 인정해줄 수 있다. 거절당했던 상처가 있다면, 그 고통을 아는 사람이 되어 다른 사람을 품어줄 수 있다.

상처는 나를 무너뜨릴 수도 있지만, 나를 더 깊고 따뜻한 사람으로 만들 수도 있다. 어떻게 할 것인가는 내 선택이다. 나무의 무늬가 그렇듯, 우리의 상처도 삶의 아름다운 결이 될 수 있다.

❖ 다른 사람의 경향성을 바라본다

나 자신을 바라보다 보면 서서히 다른 사람들이 눈에 들어오게 된다. 저 사람은 이런 원인과 조건이 있으면 저런 반응을 보이는구나. 저 사람의 저 행동 뒤에도 어떤 상처가 있을 것이다. 그게 사람의 경향성이구나. 본질이 나쁜 사람은 없다. 다만 어떤 원인과 조건으로 지금 저런 경향성을 갖게 된 것이다. 원인과 조건이 바뀌면 달라질 가능성을 열어둔다. 혐오는 본질주의에서 비롯된다.

이때 중요한 것은 나의 잣대로 좋다 나쁘다 판단하지 않는 것이다. '그렇구나'라고 인식하는 것이 더 중요하다. 판단을 하다 보면 관찰하는 힘이 약해진다. 나 자신의 불완전함을 받아들인 사람은 다른 사람의 불완전함도 받아들일 수 있다. 내 상처를 포용한 사람은 다른 사람의 상처도 이해할 수 있다.

❖ 관계에서 결을 느낀다

대화할 때 상대방의 목소리 톤이 조금씩 변하는 것을 느껴본다. 같은 말이라도 어떤 마음으로 하는지에 따라 목소리의 결이 달라진다. 함께 있을 때 생기는 보이지 않는 에너지를 느낀다. 편안한 침묵과 불편한 침묵의 질감은 다르다.

❖ 단점보다 장점을 바라본다

다른 사람에게서 아름다운 것을 발견한다. 작은 친절, 조용한 배려, 은은한 유머. 그리고 그것을 소중히 여긴다. 단점은 쉽게 눈에 띈다. 하지만 장점은 주의를 기울여야 보인다.

붓다는 이것이 '좋은 사람'의 중요한 조건이라며 이렇게 말한다. "좋은 사람은 다른 사람의 단점에 대해 잘 이야기하지 않는다. 누군가가 다른 사람의 잘못에 대해 묻는다 해도 건너뛰고 얼버무려 자세하게 말하지 않는다. 하물며 물어보지도 않았을 때는 말할 필요조차 없다."

실은 인간관계에서 많은 갈등은 매우 사소한 것에서 발생한다. 그 대부분은 말실수에서 비롯된다. 내가 없는 자리에서 누군가가 나에 대해 나쁜 말을 한다면 속이 상하고 화가 날 것이다. 나에게 기쁘지 않은 것은 다른 이에게도 마찬가지다.

✤ 다른 이의 견해를 존중한다

천 명이 있다면 천 명의 견해가 있다. 나와 견해가 다르다고 무시하거나 미워한다면 사람 숫자만큼이나 많은 미움이 생겨날 것이다. 나의 견해가 소중하다면 다른 이의 견해도 소중하다. 자신의 행동을 결단하고 자신을 성장시키기 위한 견해는 유용하지만 그것을 근거로 다른 이를 미워하고 배척하는 데 쓰이는 견해는 무용하다. 올바른 견해란 집착이 없는 견해다. 견해에 얽매이지 않는 마음, 견해가 주는 미움이 없는 마음이 진정 자유로운 마음이다.

✤ 말할 때를 안다

진실하게, 시기적절하게, 온화하게. 이 세 가지를 동시에 만족하는 말을 한다. 진실하지만 시기가 적절하지 않으면 상처가 된다. 시기적절하지만 온화하지 않으면 공격이 된다. 말하기 전에 잠시 멈춘다. 이 말이 상대방에게 어떻게 들릴지, 지금이 이 말을 할 적절한 순간인지, 내 마음에서 따뜻함이 우러나오는지.

망설여질 때 기준이 될 수 있는 이야기를 소개하고 싶다. 예전에 노교수님께서 들려주신 말씀인데 망설여질 때마다 큰 도움이 되었다. '말할지 말지 고민될 때는 말하지 말라. 갈지 말지 망설여질 때는 가라. 살지 말지 망설여질 때는 사지 마라. 먹을지 말지 고민이 될 때는 먹지 마라. 줄지 말지 고민이 될 때는 주라'

❋ 결들이 만나 새로운 것이 되어가는 과정을 바라본다

음악을 들으며 거기에 다양한 악기의 음들이 섞여 있는 것을 들어본다. 처음에는 주 선율만 느껴지지만 주의를 기울여 듣다 보면 배경으로 깔려 있는 수많은 보조 선율들과 악기들이 들려온다.

사람들이 일하는 조직을 바라보아도 마찬가지다. 어떤 사람은 차갑지만 일이 똑 부러지고 어떤 사람은 온화하며 대화를 잘한다. 어떤 사람은 문제점을 잘 집어내고 어떤 사람은 과감하게 일을 잘 벌인다. 이러한 다양한 사람들이 만들어내는 에너지와 흐름을 바라보는 것이다.

6 일상의 작은 의식

♣ 아침을 여는 의식

눈을 뜨고 잠시 누워서 몸의 상태를 느껴본다. 그리고 오늘 하루가 어떤 하루가 되었으면 하는가를 떠올려본다. 일어나 침구를 정리한다. 아침에 침구를 정리하면 하루 종일 정돈하는 습관이 몸에 익는다. 마음의 상태가 외부로 드러나기도 하지만, 반대로 옷차림이나 방의 상태가 그 사람의 마음에도 영향을 미친다.

♣ 디지털에서 벗어나 본다

횡단보도에서 신호등을 기다리며 주위 풍경을 둘러본다. 거의 대부분의 사람들이 스마트폰을 보고 있다. 심지어 길을 건널 때에도 폰을 보며 건너는 사람들이 많다. 화장실에서 변을 보면서도 화면에서 눈을 떼지 않는다.

디지털 기기를 내려놓는 시간을 가져본다. 처음엔 불안하고 무언가 놓치는 것 같은 느낌이 든다. 하지만 그 시간 동안 우리는 실제 세계와 다시 연결된다. 창밖의 풍경, 지나가는 사람들의 표정, 공기의 질감. 스크린 너머가 아닌, 지금 여기의 삶.

♣ 틈새 시간을 활용한다

엘리베이터를 기다리는 30초, 신호등 앞의 1분, 줄을 서는 시간. 이 짧은 순간들을 무의미하게 흘려보내지 않는다. 호흡을 느껴본다. 발바닥의 감각을 느껴본다. 주위를 둘러본다. 이런 작은 순간들이 모여 하루가 되고, 삶이 된다. 긴 시간을 따로 떼어놓지 못하더라도, 일상 속 틈새의 시간들을 섬세하게 살 수 있다.

♣ 꿀벌처럼 자신을 이롭게 한다

꿀벌은 자신을 위해 꿀을 모으면서도 다른 존재에게 해를 끼치지 않는다. 오히려 식물들이 꽃을 피우고 열매를 맺을 수 있도록 도우면서 꿀을 모은다. 우리도 다른 존재를 이롭게 하면서 나 자신까지도 이롭게 할 수 있다.

다른 존재를 해치지 말라고 하는 것은 다른 존재를 위해서이기도 하지만 중요한 것은 자신에게 도움이 되기 때문이다. 다른 존재를 해롭게 하면 의식에 거친 자국이 남는다. 그 때문에 마음이 안정되거나 고요해지지 않는다. 다른 존재에게 이로운 행동을 하면 그 역시 마음에 남아 잔잔한 행복과 평화로움을 준다. 이를 바탕으로 의식은 더 맑고 평화로운 곳으로 나아갈 수 있다.

❃ 적당한 식사를 한다

우리는 실제의 배고픔보다는 내면의 허기와 공허 때문에 더 많이 먹게 된다. 나 자신과 대상에게 따스한 주의를 기울이다 보면 이 욕구가 배고픔에서 오는지 아닌지를 구별하게 된다. 그리고 성급하게 허겁지겁 먹다가 과식하게 되는 습관은 적어지고 천천히 씹으며 음식 고유의 맛과 그 안에 담긴 여러 존재의 고마움을 느끼게 된다. 소화에 쓰는 에너지가 적어지게 되면 그 남는 에너지로 충분한 정신적 활동을 할 수 있게 된다.

❃ 성찰하는 삶을 산다

라훌라는 붓다의 하나밖에 없는 아들이었다. 붓다는 어린 아들이 자신의 말을 제대로 이해할 수 있도록 여러 가지 비유를 들어가며 설명을 해 준다. 붓다는 거울을 보여주며 라훌라에게 말한다.

"라훌라야. 어떻게 생각하니? 거울은 어떠한 쓰임새를 갖고 있지? 거울은 돌아보는 것을 쓰임새로 갖고 있단다, 그렇지? (거울처럼) 성찰하고 또 성찰하며 살아야 한다."

위의 구절에서 반복해서 여러 번 쓰이는 말은 고대인도어로 '빠짜웨키트와(paccavekkhitvā)'라는 말이다. 살펴보다, 성찰하다, 숙고하다의 의미를 가지는 말이다. 짧은 구절에서 여러 번 반복해서 말하고 있다. 그만큼 꼭 잘 살펴보고 조심해서 행동하라는 간곡한 당부의 마음이 담겨 있다.

성찰해야 하는 내용은 그 행위가 나와 다른 존재에게 혹시나 해가 되는 것인지 하는 것이다. 만일 그것이 나에게 해가 되거나, 다른 존재에 해가 되거나, 혹은 둘 다에게 해가 되는 것이라면 하지 말아야 한다. 반면 그 행위가 나와 다른 존재에게 이로운 것이라면 기꺼이 해도 좋다.

서재에 꽂혀 있는 책 가운데 『성찰하는 삶』이라는 책이 있다. 철학자들의 삶을 다룬 이야기다. 성찰하는 삶이라는 제목 역시 소크라테스가 한 말에서 비롯되었다. 그는 '성찰하지 않는 삶은 살 가치가 없다'라고 말했다. 너무 극단으로 들릴 수도 있지만 그만큼 성찰하는 삶을 강조하고 싶었던 마음이 아니었을까.

♣ 일기를 쓴다

하루를 마감하며 일기를 쓰는 것은 자신을 성찰하는 좋은 습관이다. 특히 하루 중 있었던 일 중에서 감사했던 일 세 가지를 기억하고 이를 적는 것이 좋다. 감사하는 마음은 미워하는 마음, 두려운 마음의 가장 반대편에 있다. 이 마음이 가슴 가득히 차오를 때 느껴지는 따스하고 평화로운 느낌은 어둡고 습한 마음의 기운을 녹이고 품어준다. 자기 전의 이러한 상태는 수면 중에도 이어져 우리 무의식 깊숙한 곳에 스며든다.

7 섬세함의 어려움을 다룬다

"내 자신이 실망스럽다"

자신을 관찰하다 보면, 보고 싶지 않았던 모습들이 보인다. 계속 반복되는 패턴, 고쳐지지 않는 습관. 나 자신이 실망스러워진다. 이때 자책하지 않는다. 실망스럽다는 그 느낌조차 있는 그대로 관찰한다. "아, 지금 나는 나 자신에게 실망하고 있구나." 그리고 묻는다. "나는 왜 이렇게 되고 싶어 하는 걸까? 이 기대는 정말 나의 것일까, 아니면 누군가가 심어준 것일까?" 완벽하지 않아도 괜찮다. 완벽하지 않은 것이 인간이다. 그 불완전함이 오히려 나를 따뜻하고 깊은 사람으로 만든다.

"너무 예민해지는 것 같다"

예민함과 섬세함은 다르다. 예민함은 자극에 과도하게 반응하는 것이고, 섬세함은 자극을 있는 그대로 느끼는 것이다. 예민한 사람은 작은 소리에도 화를 내지만, 섬세한 사람은 작은 소리도 듣되 거기에 휘둘리지 않는다. 섬세해진다는 것은 더 많이 느끼되, 덜 흔들린다는 것이다.

"계속 생각이 떠오른다"

감각에 집중하려고 해도 자꾸 생각이 떠오른다. 이것은 지극히 자연스러운 일이다. 생각을 억누르려 하지 말고, 생각이 떠올랐다는 것을 알아차린다. "아, 지금 생각이 떠올랐구나." 그리고 흘려보낸다. 이 과정을 반복하는 것, 그것이 마음의 훈련이다.

8 마음의 지혜

♣ 내가 싫은 것은 다른 사람에게 하지 않는다.

자신의 마음을 관찰하면 중요한 것들을 알게 된다. 지금 '내 마음에서 이런 저런 것들이 일어나고 있구나. 그러니 다른 사람의 마음 역시 같은 상황이라면 이러저러 할 것이다'라는 이해가 생겨난다. 나의 마음을 바라보는 동시에 다른 사람의 마음을 이해하게 되는 일석이조의 이로운 작용이다.

자신은 치켜세우며 다른 이를 무시하거나 비난하는 사람을 보며 내 마음에서 '사랑스럽지 않음'이라는 느낌이 있었다면, 내가 만일 그렇게 행동할 때 다른 이의 마음에서도 비슷한 마음이 일어날 것이라 알 수 있다.

공자는 '내가 당해서 싫은 일은 다른 이에게 하지 말라'고 하여 이를 서恕라고 했다. 사람의 마음[心]이란 서로 같기[如] 때문이다. 선한 행동과 말을 해야 하는 것은 그것이 의무이기 때문이 아니다. 사람에 대한 이해를 넓혀 가다보면 다다르게 되는 결론이다. 따뜻한 주의를 내 마음에 기울여 바라본다면, 내 주위 사람들 역시 따스하게 바라볼 수 있을 것이다.

♣ 경험을 소중히 한다

사람들은 경전이나 스승이 말했다고 해서 혹은 어떤 매체가 그렇다고 해서 그것을 진실로 믿곤 한다. 그리고 때론 다른 믿음을 가진 사람들과 반목과 갈등을 일으킨다.

우리는 너무 조급하게 믿고 혹은 그 믿음에 반하면 비난하게 되는 건 아닐까? 무언가를 믿고 따르기 전에 충분한 시간을 두면 어떨까. 직접 조사해보고, 그것이 자신과 다른 존재의 안녕에 도움이 되는 걸 확신했을 때 비로소 믿고 따른다면 얼마나 좋을까. 세상의 많은 전쟁과 갈등들이 사라질 것이다.

그러니 여기에 내가 이렇게 썼다 해서 그대로 따르지 말기를 바란다. 믿음과 행동의 기준이 언제나 오랜 시간을 두고 자신의 경험으로 검증한, 나와 다른 존재의 '안녕과 행복'이 되기를 바란다.

❖ 현재에 깨어 있는다

얼굴에서 맑고 빛이 나는 분들에게는 공통점이 있다. 마음이 평온하다는 것.

미국의 한 대학에서 흥미로운 실험을 했다. 사람들에게 주기적으로 통증을 주고 신체반응을 관찰했다. 일반인은 통증이 시작되기 전부터 통증반응이 격렬하게 관찰되었고[예기불안], 통증이 지나간 후에도 한동안 지속되었다. 이에 반해 수행을 오래 한 사람은 예기불안이 없었고 통증이 있을 때만 반응이 있었으며 이마저도 통증이 지나가면 급속도로 사라졌다. 인간의 괴로움은 대부분 미래에 대한 불안이나 과거에 대한 후회에서 온다. 우리가 현재에 깨어 살아갈 수 있다면 지금 이 순간을 충분히 누리며 평화롭게 삶을 살 수 있다.

❖ 시간을 두고 관찰한다

우리는 사람의 말을 쉽게 믿는다. 혹은 이미지에 가려 진짜 모습을 보지 못하는 경우도 많다. 우리가 얼마나 광고에 잘 현혹되는지만 보아도 알 수 있다. 그리고 어떤 사람의 한 단면만 보고 판단하기도 한다. 학교는 어디를 나왔는지, 수입은 어떤지, 가족배경은 어떤지 등을 묻고는 머릿속으로 '아 이러저런 사람이군'이라고 마음속에서 순식간에 결정을 해버린다.

하나의 요소가 결정적 역할을 한다는 일인일과一因一果 사고는 매우 폭력적이다. 저 사람은 이래서 그래, 저래서 그래 라고 자기마음대로 규정짓기 때문이다. 반면 진실은 여러 요소가 얽혀 서로 영향을 주고받는 다중다과多重多果의 세상이다. 그러기에 내 머릿속에 떠오르는 판단을 일단 보류해 두고 천천히 바라보아야 한다. '빨리 마음을 정해라', '이제 얼마 남지 않았으니 서둘러야 한다'는 말에 휘둘리지 말아야 한다. 그것이 진정 중요한 것이라면 긴 호흡을 견디어 내며 오래 지속될 무엇일 것이다.

❖ 길이보다 깊이를 택한다

'아침에 도를 얻으면 저녁에 죽어도 좋다'고 공자는 말했다. 평균수명 100세 시대에 어떻게 살아야 하는가라는 질문이 화두처럼 다가온다. 삶의 길이보다는 그 삶의 내용이 훨씬 중요하다고 현자들은 마치 어디선가 모여 회의를 해서 결정을 한 듯 한결같이 말한다.

복잡하고 산만한 마음을 가지고 다른 존재들에게 해를 끼치며 사는 백년의 삶보다는 맑게 깨인 정신으로 단 하루를 살 수 있다면 기꺼이 그것을 선택하겠다는 것이다. 생의 길이는 우리가 어찌할 수 없지만 깊이는 우리가 어느 정도 선택할 수 있다. 길이보다는 깊이에 충실한 삶, 그런 시간을 보내면 좋겠다.

♣ 마음에 공간을 둔다

음악을 듣다가 잠시 산책을 나간다. 발바닥에 느껴지는 산책로의 부드러운 흙을 느끼며 귀로는 가끔씩 들려오는 새소리, 바람소리를 듣는다. 어떨 때는 그 풍경이 가슴 속으로 들어와 깊은 곳에 울림을 준다. 그러나 어떨 때는 그저 감흥없이 눈앞을 흘러간다. 음악도 마찬가지다. 같은 음악을 들어도 어떨 때는 감동이 밀려오지만 어떨 때는 그저 백일몽의 배경음악으로 남는다. 왜 그럴까?

그건 마음의 상태에 달려 있다. 마음이 맑고 텅 비어 있으면 그곳으로 밖의 아름다운 것들, 맑은 것들이 들어와 내 존재의 심연과 공명을 한다. 그러나 내 마음이 무언가로 가득 차 있으면 나머지 것들이 들어올 공간이 없어 그저 튕겨나갈 뿐이다.

밖으로 향하는 시선만큼 내면으로 향하는 눈길이 소중하다. 내가 삶이 주는 작은 기쁨에도 만족하지 못하고 여전히 허전하다면 더 큰 자극을 찾을 게 아니라 내 마음은 지금 어떤지를 먼저 돌보아 주면 좋겠다.

❖ 동일시에서 벗어난다

우리는 진정한 자신을 잊고 자신을 무엇과 동일시한다. 동일시란 다른 두 개를 같다고 보는 것이다. 나와 돈은 분명 다른 것인데 어떤 사람은 자신을 돈과 동일시한다. 그래서 수중에 돈이 늘어나면 자기 존재감이 부풀어 오르고 돈이 줄어들면 존재감이 쪼그라든다. 500억을 가지고 있다가 재산이 100억으로 줄어 자살을 생각했다는 사람의 이야기를 들었다. 100억도 분명 엄청난 돈이지만 돈이 곧 자기라고 생각했던 사람은 자신의 존재가 5분의 1로 토막 나버렸기 때문이다.

어떤 사람은 생각덩어리를 자신이라 생각한다. 어떤 이념을 자기 자신과 같은 것으로 여기고 그것을 전파하면 희열을 느끼고 반박 받으면 상처입고 화를 낸다.

이외에도 어떤 느낌이나 감정을 자신이라 생각하기도 한다. 그리고 어떤 경향성, 습관에 중독이 되기도 한다. 혹은 어떤 영적 지향을 가진 사람들은 자신의 의식을 진정한 자신이라고 여기고 자신의 몸이나 그 외의 것은 무시하기도 한다. 우리는 이보다 더 큰 존재다. 돈, 명예, 이념, 감정보다도. 이러한 작은 동일시에서 벗어날 때 우리 내면의 더 큰 무언가가 깨어날 수 있다.

동일시에서 벗어날 때 긴 침묵의 시간이 도움이 된다. 호모 사피엔스를 지은 유발하라리는 하루에 한번 일 년에 몇 주는 꼭 침묵과 수행의 시간을 갖는다. 그는 두꺼운 책을 몇 권씩이나 쓸 수 있는 비법에 대해 수행의 힘이라고 말하곤 한다. 나 역시도 이 책의 아이디어를 떠 올린 것은 여름동안 오대산에서 하트스마일명상 지도자를 위한 침묵수행 기간이었다. 수행을 통해 마음이 비워지고 작은 대상과의 동일시에서 벗어나면 좋은 아이디어, 맑은 생각, 온화한 마음이 그 빈곳으로 차오르기 시작한다.

♣ 새로운 것을 배운다

배울 때마다 전전두엽이 활성화되고 뇌는 새로운 연결을 만든다. 나이가 들어도 배움을 멈추지 않으면 뇌는 계속 젊어진다. 낯선 것에 대한 두려움보다 호기심을 가지고 다가가 본다. 새로운 악기, 새로운 언어, 새로운 기술. 그 과정에서 우리는 다시 초심자가 되고, 세상을 새롭게 바라보게 된다.

⑨ 행동한다

♣ 그저 한다

마음속에서 사람들을 가장 흔드는 것은 불안이다. 특히 미래에 대한 불안. 앞으로 어떤 삶을 살게 될까, 무엇이 될까, 원하는 삶을 살 수 있을까. 그런 질문들이 머릿속을 떠나지 않는다. 그리고 그 질문들은 언제나 '지금 여기'가 아닌, 알 수 없는 어딘가로 우리를 데려간다.

방황을 잠재우는 가장 단순하고 강력한 방법은 바로 그저 하는 것이다. 익숙한 말이 있다. 'Just Do It' 나이키 광고에서 수없이 들었던 이 말은 단순하지만 강렬하다. 그리고 어떤 면에서는, 선불교에서 말하는 '지관타좌자[只管打坐, 오직 앉을 뿐]'의 정신과도 통한다.

무슨 이득이 될까, 이걸 하면 결과가 어떻게 될까, 내가 원하는 방향으로 갈까… 이런 생각들은 때로 너무 많아져서 정신이 혼미해진다. 머리와 마음이 분주해지면서 정작 해야 할 일은 멈추고 만다. 그럴 땐, 잠시 멈춰서 스스로에게 이렇게 말해본다.

"그냥 해. 계산하지 말고, 기대하지 말고. 그저 해봐."라고

그저 한 가지 일에 집중한다. 결과를 바라지 않고, 목적을 내세우지 않고, 지금 내 앞에 있는 일을 묵묵히 해나간다. 망설이는 대신 움직이고, 머뭇거리는 대신 손을 뻗는다. 마음이 복잡해질수록, 오히려 더 단순하게 행동한다.

♣ 꿈을 크게 가진다

여기까지 읽다보면 이 많은 걸 어떻게 다 해? 라는 생각이 들 수 있다. 당연하다. 나 역시 매일 그런 마음이다.

완벽하게 섬세한 사람이 되려는 게 아니다. 단지 조금씩, 어제보다 오늘 조금 더 깨어 있을 수 있다면. 한 번쯤은 화를 낼 뻔한 순간에 호흡을 느끼고 멈출 수 있다면. 지나치던 작은 것들을 한두 번이라도 알아차

릴 수 있다면. 그것만으로도 충분하다.

꿈이 크면 그 깨진 꿈의 조각도 크다는 말이 있다. 높은 이상을 품으며 실천은 작고 구체적으로. 매일 아침 침구를 정리하는 것, 엘리베이터를 기다리며 호흡을 느끼는 것, 화가 날 때 한 박자 쉬어가는 것. 이런 작은 실천들이 쌓여 언젠가 우리를 조금 다른 사람으로 만들 것이다.

진흙 속에 뿌리를 내리되 맑은 꽃을 피우는 연꽃처럼, 거친 일상 속에서도 마음의 고요함을 잃지 않는 삶. 그런 삶을 향해 천천히 걸어가면 된다. 완벽에 이르지 못해도 괜찮다. 그 방향을 향해 한 걸음씩 가는 것만으로도 삶은 조금씩 달라진다.

❖ 지금 여기서 시작한다

섬세함은 거창한 것이 아니다. 지금 이 순간, 당신이 앉아 있는 의자의 감촉을 느껴보는 것. 창밖으로 들려오는 소리에 귀 기울여보는 것. 손에 쥐고 있는 이 책의 무게를 느껴보는 것. 그것이 시작이다. 작은 것 하나를 온전히 느끼는 연습. 그것이 쌓여 어느 날 당신은 세상의 결을 느끼는 사람이 되어 있을 것이다. 거친 세상을 조금이라도 섬세하게 만드는 일. 그것은 우리 자신이 섬세해지는 것에서 시작된다.

참고문헌 및 자료

 1장

- 조선일보. 「'케이팝 데몬헌터스' 감독 "BTS에 잠시 세상이 밝아진 느낌 … 그 경험의 일부 느끼기를"」 (2025.6.24.)
  https://biz.chosun.com/entertainment/movie/2025/06/24/O3AYSH54CQT2FBWJIUJSK2TDBE / (검색일자: 2025.9.4.)
- 굿모닝충청. 「'케데헌' 흥행 현상 분석」 (2025.8.26.)
  https://www.goodmorningcc.com/news/articleView.html
- 국립경주박물관. 〈녹유귀면와〉.
- 국립중앙박물관. 〈전통 노리개 매듭(이작노리개)〉.
- 국립중앙박물관. 〈철제 금은입사 사인참사검〉.
- 국립중앙박물관. 〈호작도〉.

 2장

- 한겨레신문. 「'케데헌' 매기 강 "사랑받고 싶어 숨긴 루미의 두려움, 6살도 이해하죠"」
  https://www.hani.co.kr/arti/culture/culture_general/1214704.html
  (검색일자: 2025.8.30.)
- BBC. 「'케데헌': 케이팝 본고장, 한국에서도 성공을 거둔 비결」
  https://www.bbc.com/korean/articles/cvg3y8jlmj2o / (검색일자: 2025.8.29.)
- BBC. *From Squid Game to Blackpink: How South Korea Became a Culture Powerhouse*
  https://www.bbc.com/news/articles/cz6jynn5w9no / (검색일자: 2025.9.18.)

 3장

- 스위트파워에 관하여
  https://www.youtube.com/watch?v=bWvnWUKtxyE / (검색일자: 2025.9.17.)

4장

- 문소영. 『혼종의 나라』. 서울: 은행나무. 2024.
- 박남준. 『산방일기』. 서울: 조화로운삶. 2007.

5장

- Deborah Smith. "On Translating *Human Acts* by Han Kang." *Asymptote Journal*. https://www.asymptotejournal.com/criticism/han-kang-human-acts/

6장

- The Leap. "40 Creator Economy Statistics You Need to Know in 2025." https://www.theleap.co/blog/creator-economy-statistics/ (검색일자: 2025.9.21.)
- Podcastpage.io. "Podcast Statistics & Trends in 2025." https://podcastpage.io/podcast-statistics/ (검색일자: 2025.9.21.)

7장

- 시사저널. 「BTS와 아미는 세상을 어떻게 바꿨나」. (*시사저널* 제1875호).

8장

- 국립민속박물관. 〈조각보〉.

10장

- 박언영. 「풍류정신에 나타나는 멋에 대한 심리학적 고찰-극간유희(極間遊戱)의 영성」. 서울불교대학원대학교 석사학위논문. 2017.
  이지양의 '풍류도' 언급. 20쪽 참조.

11장

- 조셉 골드스타인. 『마인드풀니스』. 민족사. 2018.
- 권기완. 『呑虛宅成의 四教會通思想研究』. 한국학중앙연구원 한국학대학원 박사논문. 2016.
- KBS. 「생로병사의 비밀」〈혈전에 막혀도 살아남는 강철 심장, '이것'으로 가능합니다〉.

 13장

- 한병철. 전대호 역. 『혼종의 나라』. 김영사. 2024.

 14장

- Exploding Topics. "AI Statistics (2025)."
  https://explodingtopics.com/blog/ai-statistics (검색일자: 2025.9.22.)

더하는 말

국가문화유산청 국가유산포털원문조회서비스
〈보물 이이 수고본 격몽요결(李珥 手稿本 擊蒙要訣)〉
https://www.heritage.go.kr/main/?v=1761709028069
이이 지음. 이민수 옮김. 『격몽요결』. 을유문화사. 2022.

감사의 글

지난 십여 년 동안 제 수행의 길을 이끌어 주시고,
이 책을 쓰도록 영감과 용기를 주신 미산 스님께 깊이 감사드립니다.
언제나 조용한 온기와 사랑으로 제 곁을 지켜주며 보살펴 준 아내에게
진심으로 감사합니다.
그리고 매일 제 삶에 기쁨과 균형을 더해주는 두 아들에게도 고마움을 전합니다.
무엇보다도, 제 존재 그 자체를 가능하게 해 주신 어머니께 깊은 감사의 마음을
올립니다. 늘 한결같은 응원과 격려를 보내준 형님들에게도 깊이 고마움을
전합니다.
이 책을 너그러움과 신뢰로 맞아 주신 박순형 출판사 대표님께도 감사드립니다.

저자 김범진

오랜 명상과 사유의 여정을 걸으며, 일상의 세밀한 감각 속에서 존재의 결을 탐색해
왔다.
세계적인 컨설팅 회사에서 일하다가 코칭과 명상을 만나 삶의 방향을 바꾸었고,
이후 대학원에서 명상학으로 박사학위를 받았다.
지금은 작가이자 코치로서, 사람들의 내면이 조금 더 부드럽고 따뜻하게 연결되길
바라며 글을 쓰고 있다.
작가, 코치, 하트스마일러.

저서:『섬세』,『1250℃ 최고의 나를 만나라』,『명상에서 찾은 경영의 길』 등
인스타그램: @bumjin.kim.965
이메일: inxiter@naver.com

케데헌에서 발견하는 한국의 사유들

초판 1쇄 발행 2025년 11월 20일

지 은 이 ‖ 김범진
펴 낸 곳 ‖ 위북스
출판등록 ‖ 제406-2013-000011호
주　　소 ‖ 경기도 고양시 일산서구 장자길 118번길 92
홈페이지 ‖ www.webooks.co.kr
전화번호 ‖ 031-955-5130
이 메 일 ‖ we_books@naver.com
ⓒ webooks, 2016

I S B N ‖ 979-11-88150-75-5　03150

값 18,000원

※ 이 책은 저작권법에 따라 보호받는 저작물이므로 무단 전재와 무단 복제를 금지하며,
　 이 책의 내용 전부 또는 일부를 이용하려면 반드시 위북스 담당자의 서면동의를 받아야 합니다.